Meddi Müller

»Und ihr denkt, es ist alles in Ordnung?«

Meddi Müller

»Und ihr denkt, es ist alles in Ordnung?«

Ein Feuerwehrmann berichtet aus dem Einsatz

CHARLES
VERLAG

Meddi Müller
»Und ihr denkt, es ist alles in Ordnung?«
Ein Feuerwehrmann berichtet aus dem Einsatz
Hamburg, Charles Verlag 2023

1. Auflage
ISBN: 978-3-948486-84-6

Dieses Buch ist auch als E-Book erhältlich und kann
über den Handel oder den Verlag bezogen werden.
E-Book ISBN 948486-86-0

Lektorat: Bianca Weirauch, Weida
Korrektorat: Joachim Schwend, Leipzig
Umschlaggestaltung: © Guter Punkt, München
Umschlagabbildungen: Foto: © Motivjägerin
Satz: Julia Walch, Bad Soden
Gesetzt aus der Myriad Pro
Druck: CPI books GmbH, Ulm

Bibliografische Information der Deutschen Nationalbibliothek:
Die Deutsche Nationalbibliothek verzeichnet diese Publikation
in der Deutschen Nationalbibliografie; detaillierte bibliografische
Daten sind im Internet über http://dnb.d-nb.de abrufbar.

Der Charles Verlag ist ein Imprint der Bedey & Thoms Media GmbH,
Hermannstal 119k, 22119 Hamburg

---

http://www.charlesverlag.de
Gedruckt in Deutschland

Hallo erst mal,

mein Name ist Meddi Müller und ich bin von Beruf Feuerwehrmann. Ja, so richtig mit Tatütata und allem Drum und Dran.

In diesem Beruf erlebe ich sehr viel. Gutes wie Schlechtes, Schlimmes ebenso wie Erstaunliches. Der Tod fährt genauso mit wie das Leben. Manchmal bin ich verstört und manchmal glücklich.

Sie werden sich am Ende der Lektüre dieses Buches fragen, wie ich so was auf Dauer aushalten kann. Dazu kann ich folgende Erklärung anbieten:

Es gibt die Theorie, dass jeder, der im Rettungsdienst oder bei der Feuerwehr arbeitet, ein Aquarium ist. Jedes Aquarium hat eine individuelle Größe und einen individuellen Füllstand des Wassers. Jeder Einsatz ist mit einem Stein zu vergleichen und wird in dieses Aquarium hineingeworfen. Je belastender der Einsatz, desto größer ist der Stein. Wenn man Glück hat, ist das Aquarium groß genug und der Füllstand bleibt unter dem Rand. Alles ist gut und man geht einigermaßen ohne psychische Schäden in den Ruhestand. Aber bei manchen von uns läuft das Wasser über.

Es gibt zum Glück Möglichkeiten, Steine wieder aus dem Aquarium rauszuholen und den Füllstand damit zu senken. Das geht recht gut, indem ich über die Erlebnisse rede oder sie eben aufschreibe. Und da ich seit vielen Jahren auch Schriftsteller bin, wähle ich nun diese Option mit diesem Buch. Ein wesentlicher Bestandteil des »Überlebens« ist die Familie. Ohne eine verständnisvolle Partnerin wäre ich schon längst erledigt. Sie ist es, die mich den ganzen Kram ertragen lässt. Ich erzähle ihr aber auch nicht alles.

Tatsächlich werde ich sehr häufig darum gebeten, meine Erlebnisse aus meinem Leben als Feuerwehrmann und Notfallsanitäter aufzuschreiben. Ich habe mich aus verschiedenen Gründen bisher immer dagegen gewehrt. Aber jetzt, im gesetzten Alter, bin ich so weit, mich darauf einzulassen. Außerdem ist es vielleicht ganz heilsam, mal den ganzen Mist, der sich in meinen Kopf gebrannt hat, aufzuschreiben und endlich zu verarbeiten. Zur besseren Verständlichkeit habe ich versucht, Themenblöcke (Drogennotfälle, psychologische Notfälle, chirurgische Notfälle, völlig verrückte Notfälle und so weiter) zu bilden und nicht in chronologischer Reihenfolge vorzugehen. Außerdem verzichte ich an manchen Stellen aus Gründen der besseren Lesbarkeit auf das Gendern. Ich bitte das zu akzeptieren, mir liegt es fern, jemanden auszugrenzen oder zu verletzen.

Niemand kann genau sagen, wie viele Einsätze ich in meiner Karriere gefahren bin. Irgendwann habe ich aufgehört zu zählen. Ich kann es nur schätzen. Ich bin seit 1989 (mit einer Unterbrechung von 1991 bis 1995) im Rettungsdienst tätig. In einer Stadt wie Frankfurt am Main kommt da einiges zusammen. Ich schätze, zum heutigen Zeitpunkt werde ich irgendwas zwischen zehn- und fünfzehntausend Einsätze gefahren sein. Niemand weiß das so genau.

Mit den Toten ist es genauso.

Ich vergesse nie die erste Leiche. Genauso wenig vergesse ich den ersten Einsatz. Fast alle anderen sind nur ein Rauschen. Jedoch gibt es ab und zu Einsätze, die bleiben nicht in den Klamotten stecken. Und um diese geht es hier in diesem Buch.

Aber seien Sie gewarnt, nicht alles ist lustig. Vieles ist tragisch oder dramatisch, anderes wird Kopfschütteln verursachen und unfassbar sein. Und manches werden Sie mir nicht glauben. Aber ich versichere Ihnen, es ist alles genau so passiert, wie ich es auf den nachfolgenden Seiten beschreibe. Da ist nichts geschönt und nichts inhaltlich oder für die Geschichte dramaturgisch verändert. Dieses Buch ist eine Dokumentation des ganz normalen Wahnsinns.

Grundsätzliches

Immer wenn man denkt, man hat alles gesehen, kommt jemand um die Ecke und setzt die Kirsche obendrauf. Das ist ein Grundsatz, den man, wenn man im Rettungsdienst arbeitet, wissen sollte. Auch wenn ich viel gesehen habe in meiner beruflichen Laufbahn, habe ich doch nie *alles* gesehen. Darüber hinaus gibt es keine Vorstellung, die absurd genug ist, um sie nicht zu erleben. Als Normalsterblicher ist es schwer zu glauben, was tatsächlich in einer Stadt wie der unseren tagtäglich passiert. Der »normale« Mensch hat mit sich zu tun und sieht allenthalben im Fernsehen schreckliche Dinge. Aber wir auf der Straße sind dabei, wir sind die aus dem Fernsehen. Und vieles kommt ja gar nicht erst auf die Mattscheibe, weil es hinter verschlossenen Türen passiert. Doch das ist die brutale und ungeschönte Wahrheit.

Warum gehen Menschen in den Rettungsdienst?

Ich könnte Ihnen jetzt was vorlügen von wegen »Hilfe am Menschen« und »Ich will anderen helfen, die sich nicht selbst helfen können« oder auch »Ich will der Gesellschaft etwas zurückgeben«. Alles dummes Geschwätz. Sicher gibt es Ausnahmen, die wirklich aus den oben genannten Gründen in den Rettungsdienst einsteigen. Die werden aber ganz schnell von der Realität eingeholt und am Ende sind die genauso stumpf wie alle anderen. Die meisten allerdings rutschen da so rein. Bei der Feuerwehr ist es sehr oft so, dass viele einfach ihr Hobby zum Beruf machen. Über neunzig Prozent der Kollegen, die bei der Berufsfeuerwehr arbeiten, engagieren sich in ihren Wohnorten auch bei der Freiwilligen Feuerwehr. Sie gehen dann zur Berufsfeuerwehr und dadurch kommen sie automatisch in den Rettungsdienst. Bei den Hilfsorganisationen wie zum Beispiel Rotes Kreuz, Johanniter Hilfsdienst oder ASB ist es so, dass viele zuvor Zivildienst oder ein freiwilliges soziales Jahr gemacht haben. Oft sind es auch MedizinstudentInnen, die sich so ihr Studium finanzieren.

Ich war auch mal bei der Freiwilligen Feuerwehr. Aber nicht so lange. Ganz ehrlich: Ich hatte da nicht so viel Spaß. Um das zu erklären, muss ich weiter ausholen. Zu der Zeit, damals in den 1980er-Jahren, war es so, dass man entweder achtzehn Monate zur Bundeswehr oder ersatzweise vierundzwanzig Monate Zivildienst ableisten musste. Alternativ konnte man sich für zehn Jahre dazu verpflichten, im Katastrophenschutz ehrenamtlich tätig zu sein. Dazu gehören das THW und die Feuerwehren. Ich fand zehn Jahre zu lange und wollte nicht zur Bundeswehr, also habe ich mich dafür entschieden, den Zivildienst zu machen, anstatt mich für zehn Jahre an die Freiwillige Feuerwehr zu binden. Das wiederum gefiel meinem damaligen Wehrführer gar nicht und ab diesem Zeitpunkt hat er mich, ich will nicht sagen, gemobbt … aber es grenzte daran. Da kam die ein oder andere blöde Bemerkung zu viel und dann habe ich mir einen anderen Zirkus gesucht und der Wehrführer sich einen anderen Clown.

Soll ja Spaß machen.

Damit war für mich das Thema Freiwillige Feuerwehr durch. Ich muss allerdings erwähnen, dass mein Vater ebenfalls bei der Berufsfeuerwehr Frankfurt arbeitete. Er kannte dadurch den Wachvorsteher des ASB in Frankfurt und hat mir dort eine Stelle als Zivi vermittelt.

Das war 1989.

Und da bekam ich zum ersten Mal Kontakt zum Rettungsdienst. Ich bin damals mit dem Rettungswagen (künftig benutze ich hierfür die Abkürzung RTW) durch die Stadt gefahren und habe meine ersten Notfalleinsätze erlebt.

Wenn ich meine damalige Ausbildung mit der, die heute auf einem RTW verlangt wird, vergleiche, läuft es mir eiskalt den Rücken runter.

Ich konnte medizinisch so gut wie nichts.

Das ist ein Fakt.

Die Ausbildung war ein Zwei-Wochen-Kurs in einer ASB-Schule im Norden der Republik. Und ich lüge nicht, wenn ich sage, dass es Zivis gab, die zu diesem Unterricht mit Kopfkissen erschienen sind, die sie auf den Tisch gelegt und darauf geschlafen haben … während des Unterrichts. Den Kurs hat jeder bestanden, weil er schlichtweg zu einfach war, als dass man durchfallen hätte können. Es schloss sich ein dreiwöchiges Praktikum in einer Notaufnahme an und fertig. Das Ergebnis nannte sich dann Rettungshelfer.

Ein weiteres Problem war, dass es in unserer Dienststelle die vorherrschende Meinung gab, dass alle Zivis so schlecht (oder halbstark) Auto fahren, dass sie diese zu oft zerstören. Deshalb wurde der Zivi auf die Beifahrerseite gesetzt. Aus heutiger Sicht völlig verständlich, denn wir sind wirklich schlecht bis rüpelhaft gefahren.

Wirtschaftlich gesehen sicher sinnvoll.

Allerdings ist es wichtig zu wissen, dass der Beifahrer auf dem RTW derjenige ist, der hinten die Patienten auf der Pritsche betreut. Und wenn der mangels ordentlicher Ausbildung nicht weiß, was der Patient hat und was er dagegen tun kann, wird es unter Umständen blöd; doch dazu später mehr.

Ich habe bis 2001 Zivildienst gemacht und bin dann wieder zurück zu meinem alten Arbeitgeber. Und ich übertreibe nicht, wenn ich sage, ich war danach ein anderer Mensch. Ich gebe zu, dass ich, als ich zum Fachangestellten für Arbeitsförderung im Arbeitsamt Frankfurt ausgebildet wurde, nicht durch Ehrgeiz oder herausragendes Engagement glänzte. Bis dahin ist mir alles in den Schoß gefallen. Die Schule lief nebenbei, ohne große Anstrengung. Die Ausbildung habe ich mit angezogener Handbremse erledigt. Danach erteilte ich Arbeitserlaubnisse für skandinavische, österreichische und schweizerische StaatsbürgerInnen.

Und, wie soll ich es sagen?

Auch da gab ich mir nicht die geringste Mühe und war doch eher faul bis lustlos. Ich übertreibe nicht, wenn ich sage, dass die kurze Zeit im Rettungsdienst mein Leben auf den Kopf gestellt hat und ich aus dem Zivildienst als neuer Mensch gekommen bin. Ich bin bis heute dankbar dafür. Wenn ich entscheiden dürfte, würde das jede/r Jugendliche in Deutschland nach der Schule machen. Aber ich entscheide ja nicht.

Die Einsätze, die ich dort gefahren bin, waren für mich derart lebensverändernd, dass es eine Zeitrechnung in meinem Leben gibt, die in vor und nach meinem Zivildienst eingeteilt werden kann.

Davor war ich ein verwöhntes, arrogantes, überhebliches, wohlbehütetes Hätschelkind, das sich niemals auch nur eine Sorge hatte machen müssen. Alles, aber auch wirklich alles, war einfach.

Ich lebte … fertig. Scheiß auf die anderen.

Ich kann den Kerl, der ich damals war, verstehen. Warum sich anstrengen, wenn es auch ohne geht? Spaß haben und alles mit Leichtigkeit parieren.

Doch das änderte sich schlagartig mit meinem ersten Einsatz.

Das erste Mal

Wie erwähnt, war mein Vater damals bei der Berufsfeuerwehr. Genauer gesagt, war er Leitstellendisponent. Das sind die Typen, die Sie ans Telefon bekommen, wenn Sie die 112 wählen. So einer war mein Vater über ein Vierteljahrhundert lang … und das bin ich heute, im Herbst meiner Karriere, wenn auch aus gesundheitlichen Gründen. Aber hierzu später mehr.

Zurück zum ersten Einsatz. Zufällig hatte mein Vater genau an dem Tag, an dem ich zum ersten Mal auf dem RTW mitgefahren bin, Dienst auf der Leitstelle und schickte mich zu meinem ersten Einsatz. Sein Wunsch, ganz der liebevolle Vater: »Dein erster Einsatz soll eine vollgeschissene Oma sein.« (Ich bitte die Wortwahl zu entschuldigen, aber das ist ein Zitat.)

Und hier sind wir bei der Theorie der selbsterfüllenden Prophezeiung, genau so war es. Ungelogen.

Aber ich habe noch einen draufgesetzt, denn die *vollgeschissene Oma* war auch noch sturzbetrunken. Sie lag vor einer Eckkneipe und konnte nicht mehr alleine aufstehen, weil der übermäßige Alkoholgenuss ihren Bewegungsapparat versagen ließ. Wir stiegen aus, hoben die alte Dame an und was fiel ihr aus dem Rock? Exakt …

Es war nicht zu fassen, dass mein Vater mich dahin geschickt hatte. Die nette Frau beschimpfte uns ausgiebig und bat uns wenig höflich, wieder wegzufahren, da sie ja schließlich alleine klarkäme.

Bis zu diesem Zeitpunkt habe ich die Geschichten aus dem Rettungsdienst für Seemannsgarn gehalten. Schon jetzt schwante mir Schlimmes.

Und so kam es auch.

In den Jahren danach fuhr ich viel RTW und später dann Notarztwagen (NAW), der später zum Notarzteinsatzfahrzeug (NEF) wurde. Ich fuhr zwischendrin auch den Intensivverlegungsnotarztwagen, kurz: INVER, heute ITW genannt. Ein Fahrzeug, das am besten als eine fahrende Intensivstation erklärt ist. Das war die anstrengendste Zeit, denn das Auto war ununterbrochen unterwegs. Ich bin quasi alles gefahren, was es im Rettungsdienst gibt, außer den Rettungs-Hubschrauber, der mein eigentliches Ziel war und in dem ich sehr gerne mitgeflogen wäre, was mir aber leider aus verschiedenen Gründen verwehrt wurde. Ein kleiner Trost bleibt mir, denn heute darf ich ihn wenigstens alarmieren … was aber keine wirkliche Befriedigung in mir auslöst.

Meine Ausbildung wurde besser. Ich machte meinen Rettungssanitäter, gefolgt vom Rettungsassistenten bis hin zum Lehrrettungsassistenten. Zuletzt machte ich eine Überleitungsprüfung zum Notfallsanitäter und eine Ausbildung zum Praxisanleiter. Man könnte jetzt meinen, ich weiß unheimlich viel über den menschlichen Körper und seine Krankheiten. Ich würde es eher so formulieren, dass ich mehr als der Laie weiß, aber bei Weitem nicht genug und schon gar nicht alles über den menschlichen Körper. Im Rettungsdienst gibt es eine andere Währung: Erfahrung.

Man lernt fast alles in der Praxis, denn jeder Einsatz ist anders und hat sein Eigenleben. Man fängt klein an, ist aufgeregt, hat Zweifel an der Richtigkeit der Entscheidungen und fühlt sich manchmal dumm, wenn man vermeidbare Fehler gemacht hat. Aber man ist auch ständig in Begleitung erfahrener Kollegen. Der eine ist ein guter Ausbilder, der andere nicht. Aber man lernt in jedem Stadium der Karriere. Es ist ein ständiger Prozess, der ununterbrochen stattfindet. Man wächst in die Sache hinein und ehe man es sich versieht, kommt irgendwann der Punkt, an dem man selbst der Ausbilder ist. In etwa parallel dazu stumpft man ab und geht auch nach dem blutigsten Einsatz in aller Seelenruhe etwas frühstücken. Aber wie bereits gesagt … nicht alles bleibt in den Klamotten stecken.

Ein Phänomen im Rettungsdienst ist der stete und temporeiche Wandel. Ist heute noch die eine Methode das absolute Ding, kann es morgen schon ein völliges Tabu sein. In rasender Geschwindigkeit werden Studien zu Standards, Methoden neu erfunden, Abläufe optimiert und Geräte weiterentwickelt. War am Anfang meiner Karriere das Legen eines intravenösen Zugangs eine Handlung, die unter allergrößter Geheimhaltung gemacht wurde und direkt aus dem Tal der verbotenen Früchte kam, bekommt man heute einen Anpfiff vom übernehmenden Arzt, wenn man es *nicht* getan hat. Die Medikamentengabe war damals absolutes Tabu für die RTW-Besatzung und wurde ebenso hart bestraft wie das Zuganglegen, wenn nicht sogar noch härter. Heute gibt es um die 20 Medikamente, die man beherrschen muss. Und das mit Wirkung, Nebenwirkung, Wechselwirkung, Ausnahmen und Dosierung bei Mann, Frau und Kind, Vollmond, Vorweihnachtszeit und Sonnenfinsternis. Hinzu kommen 28 verschiedene Algorithmen verschiedener Notfallbilder mit unzähligen Querverweisen zu den anderen 27 Algorithmen, die man (laut Ausbildern) auswendig lernen muss, was meiner Meinung nach völlig unmöglich ist. Für so was gibt es heutzutage Apps.

Naja, so ist der Wandel. Die Qualität der Ausbildung ist

heutzutage wirklich sehr gut und anspruchsvoll. Die Durchfallquote beim Notfallsanitäter ist entsprechend hoch. Ich will um Gottes willen nicht diese Qualität missen. Aber meiner Meinung nach führt das übertriebene Hochzüchten dazu, dass wir von dem Erlernten in der Praxis nur einen Bruchteil anwenden können. Ein Beispiel:

In meiner mündlichen Prüfung fragte mich ein Arzt, der mich meine ganze Karriere über in den Prüfungen gequält hatte, ob ich ihm den Unterschied zwischen COPD und Asthma erklären könne. »Pah«, dachte ich, »das weiß ich …« Und legte los. Ich kam keine zwei Sätze weit, da unterbrach er mich auch schon und sagte: »Ja, ja … ich will wissen, wie man das behandelt.«

Immer noch kein Problem für mich, denn das war mein tägliches Brot. Ich erklärte ihm die einzelnen Behandlungsschritte, als er mir schon wieder ins Wort fiel.

»Schickschnack … ich will wissen, welches Medikament Sie nehmen würden, um den Patienten zu behandeln.«

Immer noch kein Problem, denn da gab es nur zwei: Atrovent und Salbutamol. Ich wollte ihm gerade die Dosierung und Anwendungsweise erklären, als er mir abermals das Wort entzog. Und jetzt wurde es richtig blöd und gelangte, wie ich finde, an die Grenze zur Sinnlosigkeit. Er fragte mich doch tatsächlich, wie diese Medikamente wirkten und an welchen Rezeptoren diese im Körper andocken.

Ganz ehrlich: Das ist mir im Rettungsdienst scheißegal!!! Das muss ich nicht wissen. Das ist völlige Verschwendung von Ressourcen. Ich muss wissen, wie es dosiert wird, für was es da ist und mit welchen Neben- und/oder Wechselwirkungen ich zu rechnen habe, alles richtig und wichtig. Aber bei aller Liebe … die betroffenen Rezeptoren sind mir so egal, die ignoriere ich noch nicht einmal. Sie haben keine Relevanz im

Rettungsdienst. In der Klinik vielleicht, aber auf keinen Fall auf der Straße.

Ich kann den Typ nicht leiden.

Ein Kollege hat es mal treffend formuliert: »Wir werden für 2 Prozent der Notfälle gedrillt, um die anderen 98 Prozent ins Krankenhaus zu fahren.« Ja, der absolute Löwenanteil der Einsätze ist sogenannte »Pillepalle« für uns, aber die übrigen 2 Prozent haben es in sich und dafür muss man einfach ausgebildet sein.

Leider führt die Ausbildung auch dazu, dass manche KollegInnen nicht mehr den Patienten, sondern den Algorithmus und ihre sauteuren Medizingeräte behandeln. Das erkennt man daran, dass an manchen Einsatzstellen das gesamte Team um die Maschine versammelt steht und die Zahlen und Striche darauf beobachtet. Hier greife ich dann immer ein und weise darauf hin, dass der Patient an einer anderen Stelle ist. Klar muss man die Vitalparameter erheben und deuten, aber nicht länger als notwendig.

Grundsätzlich gilt im Rettungsdienst, dass du nicht der Klassenbeste gewesen sein musst, sondern gesunden Menschenverstand zeigen und dem Patienten einfach mal ins Gesicht schauen solltest, denn da steht alles geschrieben. Schmerz, Gemütszustand ... ist der Patient blass, blau, grün, rot oder gar gelb? Spielt er mir nur was vor oder ist es ernst? Und ganz wichtig: Ist Eile geboten? Denn wenn man, wie ich, mehrere Menschen direkt vor der eigenen Nase hat sterben sehen, kennt man die Anzeichen und vergisst sie nie mehr.

Genug Gerede. Legen wir los!

Am Anfang bist du ein Held

Ich war stolz wie nur was, als ich am 1. April 1995 bei der Berufsfeuerwehr anfing. Ich hatte es geschafft, tatsächlich. Aus über 2000 BewerberInnen hatte ich es in die Runde der auserwählten letzten 16 Heroen des Jahrgangs geschafft. Wir waren die Zukunft der Branddirektion, die Elite, das Sahnehäubchen und die allergeilsten in Geilland. Mein Grundlehrgang war der erste nach neuer Ausbildungsverordnung, der nach 2 Jahren mit dem B3-Lehrgang an der Landesfeuerwehrschule in Kassel abschließen würde. Alle anderen vor uns absolvierten eine 6-monatige Grundausbildung und ein mehrmonatiges Praktikum auf den Wachen. Wir 16 Helden jedoch wurden alle zu Gruppenführern ausgebildet, zu Anführern, zu Kalenderboys. Ich war sehr gut austrainiert, in der Blüte meines Lebens mit 25 Jahren. Jung genug, um ein Held und alt genug, um kein Kind mehr zu sein. Ich war ein Gott!

Während der Grundausbildung blieben wir alle zusammen in der »Feuerwehrschule«. Unser Lehrgang war wirklich einzigartig. In meiner Schulzeit hatte ich einen solchen Zusammenhalt nie erfahren. Wir 16 waren wie Brüder, das kann ich ohne Übertreibung sagen. Der Lehrgang war menschlich wirklich ausgesprochen homogen. Keine Grüppchenbildung, alle für einen, einer für alle. Tatsächlich. Noch heute fallen wir uns in die Arme, wenn wir uns irgendwo treffen. Ein paar sind in andere Städte gezogen und haben dort ihre Karriere weitergeführt, aber der Kontakt ist nie abgerissen und alle sind noch bei der Feuerwehr. Erst dieses Jahr haben wir uns zu unserem 25-jährigen Jubiläum (zwei Jahre später wegen Corona) getroffen, fast alle waren da, einer hat sogar seinen Urlaub dafür abgebrochen und einer kam extra für ein paar Stunden und hatte insgesamt 600 Kilometer Fahrt dafür auf sich genommen und es war sofort wie früher. Was für eine geile Truppe! Diese Jungs sind ein sehr wichtiger Teil meines Lebens! Leider ist bereits einer von ihnen gestorben. Mach's gut, Schorsch! Wir sehen uns drüben.

Nun ja, die Grundausbildung war super. Wir lernten das Rüstzeug. Feuerwehrtaktiken, Brand- und Löschlehre, Chemie, Physik, technische Hilfeleistung, machten Abschlüsse als Rettungssanitäter und -schwimmer, HLF[1]- und Drehleitermaschinisten, den LKW-Führerschein. Absolvierten großartige Übungen mit Feuersbrünsten, Abseilübungen und Schlösserknacken in stillgelegten Fabrikgebäuden, Wasserschlachten inklusive, Retten aus Höhen und Tiefen … eben alles, was man sich unter dem Feuerwehrleben vorstellte. Es war vermutlich das schönste halbe Jahr meines Lebens.

Doch dann kamen wir auf die Wachen.

Mein erstes Praktikum machte ich auf der damaligen »Hauptwache«, an deren Platz heute ein Wohn- und Geschäftsgebäude steht. Mit stolzgeschwellter Brust, strotzend vor Selbstbewusstsein und der unglaublichen Vorfreude, endlich das in der Theorie und in den Übungen gelernte Wissen im echten Einsatz umzusetzen.

Aber schon beim Blick auf den Dienstplan erlitt ich den ersten Nackenschlag. Ich war eingeteilt als dritter Mann auf dem RW[2]-Öl. Genauso gut hätte ich zu Hause bleiben können. Dieses Fahrzeug war für die Aufnahme ausgelaufener Kraft-

---

1 HLF = Hilfeleistungslöschfahrzeug
2 RW = Rüstwagen

stoffe und Regenbogenschlieren in Pfützen und Gewässern gedacht. Oder wie man es auch ausdrücken kann: die Feuerwehrkehrtruppe. Wir nannten die Kiste auch das »Ölkännchen«. Dieses Fahrzeug fuhr so gut wie nie mit Blaulicht und Martinshorn, auf diesem Fahrzeug saßen die sogenannten »Fußkranken«, die noch nicht kaputt genug für die Pension waren … und ich.

Ich war den Tränen nahe, ließ mir aber nichts anmerken.

Beim Appell standen alle Kollegen meiner (für mich) neuen Dienstgruppe zusammen und der Dienstplan wurde verlesen. Außerdem wurden anfallende Arbeiten und sonstige Nachrichten oder neue Dienstanweisungen mitgeteilt und vorgelesen. Mein Vater war damals Personalratsvorsitzender. Ich wusste, dass in der Abteilung, in der ich das nächste halbe Jahr verbringen sollte, mehrheitlich die Konkurrenzgewerkschaft meines Vaters aktiv war. Beide Gewerkschaften waren sich damals nicht wirklich grün untereinander, da die neue sich noch gegen die etablierten Kräfte behaupten musste. Also war es klüger, erst mal nicht zu erzählen, wessen Spross ich war.

Doch darüber musste ich mir wenige Minuten später keine Gedanken mehr machen, denn mein Vater hatte gerade Feierabend, sah mich, deutete auf mich und rief in den Machokreis aus etwa zwanzig gestandenen Feuerwehrmännern: »Auf den braucht ihr keine Rücksicht nehmen, das ist mein Sohn.«

Ich könnte ihn dafür heute noch unangespitzt in den Boden rammen.

Etliche Blicke schossen zu mir, ich war peinlich berührt und ahnte, was auf mich zukommen würde. Lassen wir die ollen Kamellen ruhen. Ich sage nur so viel: Nach einem der schönsten halben Jahre meines Lebens kam eines der schlimmsten. Es hat einfach nicht gepasst zwischen uns. Sicher habe ich auch ein paar Fehler gemacht, aber es war einfach eine Truppe von … lassen wir das. Mit ein paar wenigen aus der Gruppe habe ich irgendwann meinen Frieden gemacht, andere kann ich heute noch nicht leiden.

Ein ganz normaler Tag bei der Feuerwehr

Wir haben hier bei uns 24 Stunden Dienst. Das sogenannte Bremer-Modell. Können Sie googeln, falls es Sie interessiert. Schichtbeginn ist um 7.00 Uhr. Dann heißt es antreten. Die gesamte Dienstgruppe versammelt sich an einem geeigneten Ort und der Dienstplan wird verlesen. Das war schon immer so und wird so bleiben, bis ich in Pension gehe, und das ist auch gut so. Im Anschluss werden Aufgaben verteilt, Dinge besprochen, Geburtstagsständchen gesungen oder aus den dienstlichen Nachrichten vorgelesen. Ist das alles erledigt, wird die Truppe entlassen zur Fahrzeugübernahme. Dabei werden alle Gerätschaften auf dem Auto und die persönliche Schutzausrüstung, wie zum Beispiel das Atemschutzgerät, auf Funktionsfähigkeit überprüft.

Dann geht das Tagesgeschäft los. Jede Wache hat eine Aufgabe. Da gibt es eine Wache, die kümmert sich um alle Feuerlöscher, eine andere kümmert sich um das Rettungsdienstgerät, es gibt Sondereinheiten wie Taucher, Höhenretter, Umweltschützer, die Atemschutzwerkstatt, die Schlauchwäsche usw. Es werden kleinere Reparaturen an Fahrzeugen selbst erledigt oder Revisionen gemacht. Einmal pro Woche steht die Reinigung der Fahrzeughalle, die Fahrzeugpflege von Öl, Wasser, Luft bis zum Waschen. Nicht zu vergessen die wöchentliche Grunddesinfektion der Rettungswagen. Außerdem müssen die Außenanlagen gepflegt werden, sprich: Rasenmähen und Grünschnitt. Verbrauchsmaterial muss bestellt und eingeräumt werden. Dann muss sich jemand um die Verpflegung kümmern, während andere sich sportlich betätigen. Der Sport ist abwechselnd in kleinen Gruppen in verschiedenen Zeitfenstern zu machen. Das gehört einfach dazu, ob man will oder nicht. Es müssen Einsatzberichte und Dienstpläne geschrieben werden. Besichtigungen von einsatztaktisch interessanten Objekten im Wachgebiet, wie zum Beispiel Gefahrgutlager, Schulen, Firmen mit besonderem Gefahrenpotenzial oder großer Mitarbeiterzahl, Alten- und Pflegeheime usw. müssen terminiert und durchgeführt werden. Es fällt so einiges an auf einer Feuerwache und muss erledigt werden. Sie haben bestimmt das Bild des kartenspielenden Feuerwehrmannes im Kopf, der zwischendrin zu Feuersbrünsten ausrückt. So ist es bei Weitem nicht. Ich kann mich nicht erinnern, in all den Jahren auch nur einmal jemanden Kartenspielen gesehen zu haben. Da habe ich mehr an der Playstation gesessen. Zwischen all den Wacharbeiten rücken wir natürlich auch ab und zu mal aus. Auf kleinen Wachen können das zwischen drei bis acht Einsätze pro Tag sein, bei großen auch schon mal fünfzehn. Im Rettungsdienst können Sie diese Zahlen getrost verdoppeln.

Grundsätzlich haben wir bis zwanzig Uhr Arbeitszeit, danach Bereitschaft. Ab und zu geht es auch mal länger, denn oft machen wir abends noch ein paar Einsatzübungen, um nicht einzurosten.

Ich höre oft, dass unser Job doch ziemlich anstrengend sei. Anfangs, als junger Spund, kam mir das nicht so vor, ich stimmte aber immer zu. Man wollte ja nicht sagen, dass der Job einfach sei. Lange Zeit habe ich die »Alten« nicht verstanden, die froh waren, nicht mehr im Angriffstrupp zu sein, oder auch mal eine Schicht ohne Einsatz zu verbringen. Jetzt im gesetzten Alter wird mir einiges klar. Offiziell gehen Berufsfeuerwehrleute mit 60 in Pension. Die wenigsten schaffen es bis dahin im Einsatzdienst. Mir sind nur wenige bekannt, die es tatsächlich so weit geschafft haben. Sehr viele gehen mit Anfang 50 aus dem Einsatzdienst heraus. Entweder gehen sie in den Tagdienst (zum Beispiel Vorbeugender Brandschutz oder Ausbildung) oder tatsächlich in Frührente. Meist ist es der Rücken, das Knie oder die Hüfte. Sehr oft müssen Prothesen eingebaut werden. Ein geringer Teil stirbt auch einfach. Es gibt mir zu denken, wie viele Kollegen ich in letzter Zeit getroffen habe, die in meinem Alter sind und am Flughafen nicht mehr ohne Piepton durch die Kontrolle kommen. Auch mein Knie ist kaputt, weshalb ich den Weg in die Leitstelle gegangen bin. Auch die ständige Bereitschaft zur körperlichen Fitness trägt dazu bei, den Körper zu zerstören. Die meisten Menschen hören mit Ende dreißig auf, exzessiv Sport zu treiben. Wir müssen dann noch mal extra Gas geben, um den Anschluss an die Jungen nicht zu verlieren. Bei jeder Bewerbung auf eine höherwertige Stelle wird ein Sporttest verlangt, bei dem man die volle Punktzahl erreichen muss, um überhaupt eine Chance zu haben. Ich erlaube mir seit ein paar Jahren, einen Bauch zu tragen, was mir tagtägliches Bodyshaming einbringt. Über die Jahre habe ich mich daran gewöhnt und habe passende Antworten parat, die dem Gegenüber den Wind aus den Segeln nehmen. Ich würde ja auch gerne weniger wiegen – das macht das Leben leichter, im wahrsten Sinne des Wortes. Aber mit bald Mitte 50 ist mein Körper durch. Der Stoffwechsel macht, was er will, und an Training wie früher brauche ich mich nicht zu versuchen. Alles, was ich noch kann, ist ein wenig Gewichte heben und Radfahren. Aus die Maus. Aufgrund meiner Knieverletzung brauche ich bei unserem betriebsärztlichen Dienst nicht mehr nachfragen, ob ich jemals wieder in den Einsatzdienst gehen kann. Das hat sich erledigt. Ich habe ein paar Monate gebraucht, um das zu akzeptieren, aber ich habe es glücklicherweise geschafft. So wie ich es geschafft habe, bis hierher zu kommen, ohne durchzudrehen.

Ja, manche Einsätze braucht man nicht. Manche sind wie Nebel. Sie verschwinden im Laufe des Tages. Einige begleiten uns ein Leben lang und einige wenige sind so unglaublich, dass man sie für die Nachwelt erhalten sollte.

Mein erstes Feuer

Wie bereits erwähnt, dauerte es eine Weile, bis ich endlich so richtig bei der Feuerwehr mitmachen durfte. Damals war ich im ersten Trupp ganze vorne, im Angriffstrupp des VLF[1].

Hurra! Endlich dabei.

Damals wie heute waren echte Feuer nicht an der Tagesordnung. Es ist nicht so, dass man in jeder Schicht einen Brand zu löschen hat. Und wenn es dann mal brennt, ist es meist eine Mülltonne oder ein Gebüsch. Manchmal ein PKW oder eine Gartenhütte, aber sehr wenig Zimmer- bzw. Wohnungsbrände. Das ist gut so. Nicht falsch verstehen, ich bin froh drum, ehrlich. Ich will Ihnen nur aufzeigen, dass wir nicht tagtäglich in den Flammen stehen. Wenn Sie das haben wollen, müssen Sie solche Serien wie *Chicago Fire* gucken, die so nah an der Realität sind wie die katholische Kirche an der Abschaffung des Zölibats.

Wie dem auch sei …

Mein erster Einsatz bei einem richtigen Feuer war ein Zimmerbrand. Es war so gegen halb zwei am Morgen. Das Feuer war in einem Frauenwohnheim ausgebrochen, und zwar im ersten Stock, und ich war ganz vorne!

Ich schnappte mir den Schnellangriffsschlauch, wie wir es damals standardmäßig getan haben, und rannte zusammen

1 Vorauslöschfahrzeug. Eine Frankfurter Erfindung. Das Fahrzeug war wendig und für den schnellen Erstangriff ausgerüstet.

mit meinem Truppführer in das Gebäude. Alle Bewohnerinnen waren bereits aus dem Haus geflüchtet und hatten dabei netterweise sämtliche Türen aufgelassen. Dadurch war das gesamte Haus verraucht. Wir sahen absolut gar nichts. Nicht einmal die Hand vor den Augen. Also fingen wir an zu suchen, wo es denn brennen könnte.

Ich stand tatsächlich vor einem laufenden Fernseher und dachte, das sei das Feuer. Kam aber wieder davon ab, als die vermeintlichen Flammen grün, rot und blau wurden. Es lief irgendeine Zeichentrickserie. Das war es also nicht. Ich versuchte, ein wenig für Belüftung zu sorgen, indem ich ein Fenster einschlug, damit der Rauch abziehen und wir endlich etwas sehen konnten.

Doch auch das brachte nichts. Später sah ich dann, dass ich das Milchglasfenster der Küchentür eingeschlagen hatte. Wir suchten weiter, im Blindflug.

Endlich hatten wir es gefunden, nur noch wenige Meter, es war schon zu sehen, das Feuer. Ein Bett brannte lichterloh und ein paar Möbel auch. Ich wollte den Schlauch schnappen und löschen. Doch Fehlanzeige. Durch den Weg vom Auto in den ersten Stock und ans Ende der Wohnung waren meine 80 Meter Schlauch etwa vier Meter vor dem Feuer aufgebraucht. Und von meiner Position aus konnte ich nicht löschen, da der Winkel zu spitz war. Das durfte doch nicht wahr sein. Ich suchte seit unendlichen Minuten mein erstes Feuer und dann war der Schlauch zu kurz! Und das nach den demütigenden Wochen auf dem RW-Öl.

Es war eine Katastrophe.

In diesem Moment der Erkenntnis huschte ein weiterer Trupp mit Rollschläuchen an mir vorbei und löschte das Feuer. Mir blieb nur die Zuschauerrolle und das Bewusstsein, dass ich dieses Ereignis nie vergessen würde.

Zur Krönung kniete der Einsatzleiter direkt neben mir im dicksten Qualm, ohne Atemschutzgerät, und sagte hustend: »Mein lieber Mann, das brennt aber ganz schön.«

Romeo und Julia

Jeder Mensch macht ja vieles zum ersten Mal. Komischerweise vergisst man manche *Erste Male* wieder, andere wiederum nicht. Ich kann mich noch daran erinnern, als ich zum ersten Mal ohne die schützende Hand meines Vaters am Sattel alleine Fahrrad gefahren bin. Ich kann mich aber nicht daran erinnern, als ich das erste Mal in ein Schulbuch geschrieben oder das erste Glas Wein getrunken habe. Manches bleibt hängen, anderes eben nicht. Meine erste Leiche war auf jeden Fall spektakulär. Na ja … nicht vom Anblick her, das war nicht so schlimm, sondern eher die Geschichte dazu.

Es war der erste Einsatz an diesem Tag, so gegen sieben Uhr vielleicht. Ich war zwar schon ein paar Tage auf dem RTW unterwegs, hatte aber noch nicht viel gesehen. Das meiste waren zu dieser Zeit Verlegungen. Von Krankenhaus zu Krankenhaus, in Arztpraxen oder Heimtransporte. Diese waren zwar langweilig aber sehr einträglich, denn man bekam meistens ein wenig Trinkgeld. Ja, damals konnte man das noch annehmen, ohne sofort ins Fegefeuer der Antikorruptionsmaschinerie geworfen zu werden. Und zu dieser Zeit waren fünf Mark für mich viel Geld. Aber das nur am Rande.

Wir fuhren zur Einsatzstelle, die nicht weit von unserer Wache entfernt war.

Ein völlig aufgelöster Mann kam uns entgegen und führte uns in den Keller des Gebäudes.

Dort sah man schon das Dilemma.

Am Treppengeländer zum Vorratskeller hing eine Frau. Sie hatte sich das Leben genommen. Leider war da nichts mehr zu machen. Sie war bereits längere Zeit tot.

Wir konnten nichts anderes tun als auf den Notarzt warten, der den Tod offiziell feststellen sollte. Da es sich entweder um einen Suizid oder um einen Mord handelte, wurde natürlich auch die Polizei hinzugerufen. Für mindestens einen der Polizisten war es wohl auch die erste Leiche, denn er saß wenig später auf einem unserer Koffer und kämpfte gegen die Übelkeit. Sein Kollege klärte die Zusammenhänge.

Er fragte den Mann, der uns die Tür geöffnet hatte, wer denn die Frau sei. Er sagte, sie sei die Putzfrau des Ladengeschäftes, das im Erdgeschoss untergebracht war.

Und dann erzählte er die Geschichte.

Die Frau hatte sich unsterblich in einen Mann verliebt, der nicht der ihre war. Dieser Mann stand jetzt da und erzählte uns die Geschichte und war sehr verzweifelt. Wir erfuhren, dass er und die jetzt tote Frau an diesem Morgen durchbrennen wollten. Das erklärte auch die beiden Koffer, die neben der Leiche gefunden wurden. Es stellte sich heraus, dass die Frau mit einem Südländer verheiratet war, der zum einen Besitzansprüche für sie angemeldet hatte und zum anderen, und das war das Gefährliche, dem organisierten Verbrechen zugeordnet werden konnte. Hinzu kam, dass der Ehemann sehr eifersüchtig war und mit Nebenbuhlern nicht nett umzugehen pflegte. Die Angst davor, dass ihrem neuen Freund etwas zustoßen würde, was für den ungeübten Blick wie ein Unfall aussah, aber dann vielleicht doch keiner war, trieb die Frau in den Selbstmord, wie es ihrem Abschiedsbrief zu entnehmen war. Sie wollte ihrem neuen Freund ersparen, von ihrem rachsüchtigen Ehemann gejagt zu werden, und wählte stattdessen den Freitod.

Bis heute beschäftigt mich dieser Fall, denn ich frage mich, ob das wirklich nötig war. In der damaligen Zeit war es sicher wesentlich einfacher zu verschwinden als in der heutigen digitalisierten Welt. Es gab ja noch keine Smartphones oder GPS-Tracker. Sie hätten einfach weit wegfahren und bis ans Ende ihrer Tage glücklich sein können. Doch scheinbar war die Angst vor ihrem kriminellen Mann derart groß, dass sie keinen anderen Ausweg sah. So oder so hatte die Sache nur Verlierer. Der Mafioso und der Liebhaber haben beide die Frau verloren, die Frau ihr Leben, ich meine Jungfräulichkeit, was Leichen anbetrifft, und einer der Polizisten beinahe sein Frühstück.

Zurück ins Leben

Wir sind immer noch bei den *Ersten Malen*. Und es gibt *Erste Male,* die kommen am Anfang, und dann gibt es die *Ersten Male,* die ein wenig auf sich warten lassen. So war es bei meiner ersten erfolgreichen Reanimation.

Dieser Einsatz war nicht wirklich spektakulär, aber er war für mich prägend. Denn ab diesem Zeitpunkt wusste ich, dass es tatsächlich möglich ist, den Tod zu besiegen.

In der Ausbildung im Rettungsdienst wird auf das Thema Reanimation sehr viel Wert gelegt. Das ist sinnvoll, denn es ist nichts anderes als die Königsdisziplin. Im Laufe der Jahre hat sich, auch in der Ausbildung, sehr viel getan auf diesem Gebiet, sowohl technisch als auch bei den Anforderungen an das Rettungsdienst-Personal. Die Algorithmen dazu ändern sich sehr oft, da viele Studien zum Thema Reanimation gemacht werden. Deshalb ist ständige Weiterbildung Pflicht. Jeder Beschäftigte im Rettungsdienst muss pro Jahr vierzig Stunden Fortbildung nachweisen. Und in dieser Fortbildung ist immer ein Reanimationstraining eingebunden, das sogar zertifiziert ist (im Fachjargon auch *Grillschein* genannt, da bei diesem Training das Defibrillieren geübt wird). Ob das nun anhand eines Fallbeispiels geübt wird oder wie früher mit einem speziellen Megacode[1]-Training, bleibt den Ausbildern überlassen.

---

1 Als Megacode versteht man das strukturierte Vorgehen bei der Herz-Lungen-Wiederbelebung im Sinne des Megacode-Algorithmus (nach den Richtlinien des ERC).

Das Problem ist nur, dass keine zehn Prozent der reanimationspflichtigen Patienten überleben. Das heißt, es ist sehr frustrierend für das Rettungsdienstpersonal, eine Reanimation durchzuführen, denn die Erfolgsaussichten sind sehr gering.

Hinzu kommt, dass es nicht so ist wie im Fernsehen. Der Patient, der erfolgreich reanimiert wird, war vorher tot. Das ist ein Fakt. Wir töten sogar technisch gesehen unseren Patienten, um ihn wiederzubeleben. Im Fernsehen wird immer die Nulllinie defibrilliert. Das ist der größte Quatsch der Welt. Denn das bringt gar nichts. Man kann ein Herzkammerflimmern oder ein -flattern defibrillieren.

Sonst nichts.

Das Problem bei diesen beiden Phänomenen ist, dass das Herz zu schnell oder zu unregelmäßig schlägt und dadurch keine Auswurfleistung mehr erbringt. Es überkompensiert sozusagen. Also stellen wir es mit dem »Elektroschock« ruhig, um es durch die Herzdruckmassage wieder in einen anständigen Rhythmus zu bekommen. Das ist der Trick der Defibrillation. Wer eine Nulllinie defibrilliert, macht was falsch.

Und wenn man erfolgreich reanimiert hat, hustet der Patient nicht kurz, schlägt die Augen auf, bedankt sich bei seinen Rettern[1], steht auf und macht weiter, wo er aufgehört hat.

Im Gegenteil.

Eine erfolgreiche Reanimation sieht keineswegs so aus wie im Fernsehen, wo der Patient nach ein paar Schlägen auf die Brust, begleitet von »Komm schon …«-Rufen, plötzlich die Augen aufreißt, tief Luft holt, kurz hustet und dann fragt, was los sei. Nein, nein, nein und nochmals NEIN! So etwas gibt es nicht.

---

1 Aus meiner Erfahrung bedanken sich nur etwa 20 Prozent der Patienten bei ihren HelferInnen. Nur mal so als Denkanstoß.

Eine erfolgreiche Reanimation wird meist zunächst gar nicht bemerkt. Deshalb macht man ab und zu mal eine Diagnose-Pause, um (im EKG) zu sehen, ob das Herz selbstständig schlägt. Wenn es das tut, heißt das noch lange nicht, dass es das effizient tut. Dann prüft man den Pulsschlag am Hals und an der Leiste. Erst wenn man dort einen sicheren und kräftigen Pulsschlag zweifelsfrei spürt und der Körper des Patienten das eigenständig und ohne äußeren Antrieb macht, hat man erfolgreich reanimiert. Aber trotzdem muss man jederzeit darauf gefasst sein, dass sich das auch ganz schnell wieder ändert. Und während der ganzen Zeit arbeitet der Patient nicht mit, verändert nicht selbstständig seine Position und schon gar nicht reißt er die Augen auf und schnappt nach Luft. Das würde auch nicht gehen, denn in seiner Luftröhre steckt in der Regel ein Schlauch, den wir ihm dort reingeschoben haben, damit wir ihn beatmen können.

Zurück zu meiner ersten erfolgreichen Reanimation.

Ein Mann war beim Spazierengehen auf dem Bürgersteig umgefallen und wurde von Ersthelfern reanimiert. Wir übernahmen dann die Reanimation und unterstützten diese mit den entsprechenden Medikamenten. Der Mann kam *zurück*, wie wir es nennen, und konnte lebend im Krankenhaus übergeben werden. Was aus ihm geworden ist, weiß ich nicht. Ich weiß nur, dass mir dieser Einsatz den Glauben an die Reanimation zurückgegeben hat, nachdem ich zuvor zahlreiche Fehlversuche erlebte.

In diesem Zusammenhang ist es mir wichtig, Sie darauf hinzuweisen, dass *alle* Patienten, die in meiner Laufbahn eine Reanimation überlebt haben, zuvor eine sogenannte Laienreanimation bekommen haben. Damit ist der Ersthelfer vor Ort gemeint. In Frankfurt dauert es im Durchschnitt zwar nur sechs bis acht Minuten, bis ein RTW vor Ort ist, allerdings kann das schon zu lange sein. Ihnen kommen sechs Minuten nicht lange vor? Dann halten Sie doch mal sechs Minuten die Luft an. Merken Sie was? Also, fassen Sie sich ein Herz und drücken Sie drauf.

Frankfurter Applaus

Zu der Zeit, als ich beim Rettungsdienst begonnen habe, hatte Frankfurt ein noch viel größeres Drogenproblem als heute. Die Anzahl derjenigen, die letztendlich daran sterben, ist sehr konstant geblieben. Allerdings hat sich in der Betreuung der Drogenabhängigen einiges getan. Sie sind nicht mehr so sichtbar wie Ende der 1980er-Jahre. Damals gab es in Frankfurt zwei Hotspots. Zum einen war das der Kaisersack und zum anderen der soggenannte »Fixerhügel« in der Taunusanlage. In der Taunusanlage war es besonders bizarr, da sich dort die Bänker im feinen Zwirn und die Fixer, denen es nur um den nächsten Schuss ging, begegneten.

Krasser konnten die Unterschiede nicht sein. Man kann sich das heute nicht mehr vorstellen, da man es durch die Einrichtung von sogenannten Fixerstuben geschafft hat, die Drogenabhängigen von der Straße zu holen. Aber wenn man zu einem Notfall auf dem Fixerhügel gerufen wurde, war es immer ein Ausnahmezustand.

Ich kann mich an einen Einsatz erinnern, der besonders prägend war. Es war am frühen Abend und uns wurde ein Drogennotfall in einer Parkanlage gemeldet. Beim Aussteigen bot sich ein Bild, das ich niemals vergessen werde. Es war ein Art Bucht auf einer Wiese, die von Büschen gesäumt war. Überall in dieser Bucht lagen Menschen. Ein paar standen auch, aber die meisten lagen. Als ich meinen Kopf aus dem Auto gesteckt hatte, riefen sofort mehrere offensichtlich nicht mehr ganz nüchterne Menschen nach uns. Mit meinem heutigen Wissen hätte ich sofort Verstärkung nachgefordert. Aber Sie erinnern sich vielleicht noch vage an meinen zu diesem Zeitpunkt vorhandenen Ausbildungsstand. Außerdem war ich ein Anfänger ohne Erfahrung. Mein Partner hatte zwar ein wenig mehr Erfahrung und Ausbildung, aber auch nicht wirklich viel. Und ich war sowieso nur der Zivi und machte das, was mir gesagt wurde.

Wie dem auch sei.

Ob wir nun einfach vergaßen, Verstärkung nachzufordern, oder ob die Überforderung mit der Situation daran schuld war, kann heute nicht mehr abschließend geklärt werden. Wahrscheinlich war es eine Mischung aus beidem. Also machten wir uns daran zu selektieren.

Jeder von uns nahm sich eine Ecke der Bucht vor. Genau kann ich es nicht mit Sicherheit sagen, aber ich schätze mal, dass in dieser Bucht zu diesem Zeitpunkt etwa fünf oder sechs bewusstlose Menschen lagen, die den Drogenkonsum übertrieben hatten. Ich erinnerte mich an eine eiserne Regel im Rettungsdienst: »Wer noch reden kann, dem geht es noch nicht schlecht genug.«

Also schlugen wir reihum den Bewusstlosen so lange auf die Wangen, bis sie entweder wach wurden oder zurückschlugen. Lange Rede, kurzer Sinn: Wir haben den mitgenommen, der nichts mehr gesagt hat und auch keine Reaktionen auf Schmerzreize zeigte. Den Rest ließen wir liegen. Die würden schon irgendwie klarkommen. Wir luden unseren Patienten auf die Trage und schoben ihn in den RTW. Dort kam uns der Gedanke, dass wir schon längst einen Notarzt hätten nachalarmieren sollen. Wir berieten, was zu tun wäre, und kamen zu dem Schluss, dass das Warten auf den Notarzt dem Patienten das Leben kosten würde. Also handelten wir und gaben dem Patienten das Wundermittel Narcanti; subkutan in die

Bauchdecke. (Ja, liebe Fachleute, die das hier lesen, sowohl die subkutane Verabreichung war falsch als auch die Medikamentengabe an sich. Das war zum damaligen Zeitpunkt nämlich illegal. Aber was hätten wir tun sollen? Ihn sterben lassen? Das erklär' mal seiner Mutter! Manchmal muss man das Gesetz … verbiegen.)

Während wir also mehr oder weniger verzweifelt versuchten, dem Mann das Leben zu retten, klopfte es an die Seitentür. Natürlich reagierten wir darauf nicht. Wir hatten andere Probleme. Es klopfte weiter und stärker, bis schlussendlich die Tür einfach aufging. Ich blickte einen verwahrlosten Mann an, der vor dem RTW stand und mich nach sauberen Spritzen fragte. Ich wies ihn freundlich darauf hin, dass er uns doch bitte in Ruhe arbeiten lassen möge, da wir hier wirklich gerade in einer kniffligen Situation steckten, wofür ich um Verständnis warb und versprach, dass ich mich sehr bald um ihn kümmern werde, sofern es die Situation zulässt. Möglicherweise habe ich ihm auch ein »Verpiss dich« entgegengeschleudert … aber wie gesagt: Das ist so lange her, da verschwimmen meine Erinnerungen. Der genaue Wortlaut fällt mir wirklich nicht mehr ein.

Zurück zu unserem Patienten.

Dieser erwachte wenig später aus seiner Bewusstlosigkeit und fragte, was das Ganze hier solle. Er beschimpfte uns, dass wir ihm den Schuss versaut hätten. Während wir versuchten, mit dem Patienten auf einen Nenner zu kommen, ging schon wieder die Tür auf und der andere Mann bat nochmals um saubere Spritzen. Um die Sache abzukürzen, griff ich in die Schublade mit den steril verpackten Spritzen und warf sie allesamt aus der Tür auf die Wiese. Damit war der Typ schon mal zufrieden. Der andere jedoch schimpfte immer noch, was wir doch für Idioten wären.

Ich gab auch ihm ein paar saubere Spritzen als Entschuldigung dafür, dass wir ihm das Leben gerettet hatten, und er war befriedet. Er verließ torkelnd den RTW auf seinen eigenen Füßen. Einen Transport ins Krankenhaus lehnte er mit wenig freundlichen Worten ab. Da wir ihn nicht dazu zwingen konnten, ließen wir ihn ziehen.

Dieser Einsatz steht exemplarisch für unzählige dieser Art. Im Prinzip ist es immer derselbe Ablauf. Irgendjemand spritzt sich zu viel Heroin (das passiert auch in den Fixerstuben) und wird bewusstlos. Anfangs war es für mich schwierig zu akzeptieren, dass es rundherum niemanden interessierte, dass da gerade jemand kurz davor war zu sterben. Jeder in diesen Druckräumen ist nur mit sich selbst beschäftigt. Meistens sind dann die Betreuer der Einrichtungen zur Stelle und beatmen den Patienten mit einem Beutel, bis der Rettungsdienst eintrifft. Diese bereiten alles so weit vor, bis der Arzt kommt und das Kommando gibt, das Gegenmittel (heute nehmen wir Naloxon) zu verabreichen. Der Bewusstlose wird innerhalb von Sekunden wach und geht seiner Wege. Wichtig ist jedoch, ein sogenanntes Depot zu legen. Junge unerfahrene Notärzte vergessen das manchmal und dann passiert Folgendes …

Acht Mann für eine Frau

Wie soeben erwähnt, ist es sehr wichtig, beim Verabreichen von Naloxon ein Depot zu legen. Dies macht man in der Regel in große Muskeln, meist am Hintern, aber man kann es auch in den Oberarm verabreichen. Da die Wirkung von Naloxon bei intramuskulärer Verabreichung im Vergleich zur intravenösen Gabe verzögert wirkt, nennt man es Depot.

Wichtig ist deshalb, ein Depot zu legen, da die Halbwertszeit von Naloxon lediglich siebzig Minuten beträgt. Heroin oder Methadon haben jedoch eine Halbwertszeit von vierundzwanzig Stunden. Demnach ist Naloxon mehr als zwanzigmal schneller abgebaut als Heroin. Die Gefahr ist nun, dass der/die PatientIn nach der Gabe von Naloxon oft der Meinung ist, sich erneut Heroin zu spritzen, um wieder in den Rauschzustand zu kommen. Da das Naloxon noch wirkt, aber schneller abgebaut wird als das Heroin, ist es also unvermeidlich, erneut in eine Überdosissituation zu kommen, wenn man kein Depot legt. Ich hoffe, das ist so weit verständlich. Kurz gesagt: Es ist noch zu viel Heroin im Blut, ohne dass es wirkt. Und wenn man dann nachspritzt, hat man wieder eine Überdosis.

Mit diesem Wissen gehen wir nun in den nächsten Einsatz.

Ich fuhr zu diesem Zeitpunkt schon lange NEF. Ich hatte einen relativ frischen Arzt an Bord, der noch nicht viel Erfahrung hatte. Wir wurden zu einer bewusstlosen Person in einer Betreuungseinrichtung für Drogenabhängige gerufen. Es war später Abend und die Einrichtung wollte gerade schließen.

Als wir ankamen, lag eine junge Frau, ganz in schwarz gekleidet, auf einem Sofa und war offensichtlich bewusstlos. Wir vermuteten eigentlich alle sehr schnell, dass die Dame zu viel eines Stoffes genommen hatte, der ihr einen Rausch verschaffen sollte. Und an dieser Stelle muss ich mir fünfzig Prozent der Schuld eingestehen, denn ich habe mich aufgrund der schon gefühlt tausend Mal gesehenen Problematik und des Wissens, dass die Sache hier ratzfatz mit Naloxon innerhalb weniger Minuten vorbei sein würde, nicht voll auf den Einsatz konzentriert.

Ich zog also routiniert zwei Ampullen Naloxon auf. Eine für die Blutbahn und eine für den Hintern, sprich: das Depot.

Ich gab die vorgefertigten Spritzen meinem Arzt und überließ es ihm, das Medikament zu verabreichen. Derweil flachste ich ein wenig mit dem Kollegen vom RTW. Wie man das halt so macht, wenn man abgestumpft ist.

Als ich wieder hinschaute, erkannte ich, dass der Arzt das Gegenmittel zuerst in die Vene verabreichte. Ich wollte noch eingreifen, doch es war schon zu spät.

»Das war jetzt aber nicht so gut«, kommentierte ich.

»Wieso?«

»Weil die uns niemals an ihren Arsch lässt ... für das Depot.«

»Ach so.«

Und so war es auch.

Sekunden später beschimpfte uns die schwarz gekleidete ehemalige Bewusstlose und jetzt wieder topfitte Frau auf das Allerfeinste. Ein hungriger Hafenarbeiter hätte die Ohren angelegt. Die typischen Fragen, die wie eine Blaupause für derartige Einsätze sind:

»Wer seid ihr denn?«

»Was wollt ihr Penner von mir?«

»Verpisst euch!«

Wir erklärten ihr, was wir gemacht hatten.

»Ihr blöden Vollidioten. Drei Freier hab' ich gebraucht, um mir den Stoff zu kaufen, und ihr versaut mir den Schuss.«

Wir entschuldigten uns, wiesen aber noch einmal auf die lebensbedrohliche Situation hin.

»Das ist mir scheißegal. Ist doch sowieso alles scheißegal. Ich habe euch nicht gerufen. Lasst mich doch einfach sterben …« usw.

Das Übliche halt.

Wir fangen an dieser Stelle eigentlich immer damit an, einzupacken, wünschen noch einen schönen Tag und verabschieden uns mit dem Hinweis, dass der/die PatientIn heute bitte kein Heroin mehr zu sich nehmen möge, da das unter Umständen gefährlich werden könne, trotz des … genau: Depots.

Wir erklärten ihr, dass wir mal kurz an ihren Hintern müssten, um ihr das Depot zu legen. Wir wiesen auch darauf hin, dass es lebenswichtig sein könne.

Die Antwort war absehbar.

»Verpiss dich.«

»Ja gleich, wenn ich Ihnen diese Spritze gegeben habe.«

»Vergiss es«, beharrte sie. »Außerdem habe ich gar nichts genommen.«

»Ja, ist klar … aber es ist wirklich wichtig, dass wir diese Spritze noch geben, da Sie sonst in einer Stunde wieder hier liegen und nicht mehr atmen. Auch wenn Sie ›nichts‹ genommen haben.«

Ich bekam ein schlechtes Gewissen, da ich ja mitverantwortlich für die blöde Situation war, und schaltete mich ein. Ich wählte die kumpelhafte Tour.

»Komm, jetzt sei vernünftig. Das ist nur zu deinem Besten. Kurzer Piks und schon sind wir weg und alles ist gut.«

»Wer bist du denn jetzt, du Penner? Verpiss dich.«

Ich ignorierte die Feindseligkeit.

»Du weißt schon, dass du gerade kurz davor warst zu sterben und wenn du jetzt nicht diese Spritze bekommst, wirst du das vielleicht auch, wenn dich niemand rechtzeitig findet.«

»Ich hab' nix genommen, du Arsch.«

Mein Arzt und ich tauschten Blicke aus. Es stand außer Frage, dass diese Frau die Depotspritze benötigte. Auch die RTW-Besatzung war dieser Meinung. Es war einfach nicht zu verantworten, die Frau so auf die Straße gehen zu lassen. Wir baten die Betreuer der Einrichtung, noch mal auf sie einzuwirken, da sie ja offensichtlich Vertrauenspersonen waren. Um das abzukürzen: Auch sie hatten keinen Erfolg und mussten sich beschimpfen lassen.

Es war mittlerweile weit nach zweiundzwanzig Uhr. Die beiden Betreuer hatten seit einer guten halben Stunde Feierabend. Wir zwar erst in neun Stunden, aber wir blockierten hier einen RTW und einen Notarzt. Das teilten wir dann auch der Dame mit, die daraufhin sagte, dass es ihr egal sei und es uns freistehen würde zu gehen. Sie habe uns ja schließlich nicht gerufen.

Wir wären ja auch gerne gegangen, aber diese Spritze war elementar. Nach weiteren gescheiterten Versuchen drohten wir nach einem kurzen Teammeeting, die Polizei hinzuzurufen, was die Dame mit: »Mir doch scheißegal« beantwortete und sich daraufhin auf den Pullover kotzte, was die Sache nicht angenehmer machte. Wir machten unsere Drohung wahr und holten die Polizei.

Als diese kam, begann das Spiel mit dem »Verpisst euch alle« von vorne. Schließlich gelang es uns dann doch, die Dame zu überzeugen und ihr diese Spritze zu geben. Wenn auch nicht ganz freiwillig.

Fazit: Am Ende des Einsatzes standen tatsächlich acht ausgewachsene Männer um diese vollgekotzte Frau herum. Zwei davon hatten seit einer Stunde Feierabend, zwei wären nicht notwendig gewesen und die restlichen vier wären sehr wahrscheinlich schon wieder irgendwo anders in einem Einsatz und hätten anderen Menschen helfen können. Und das alles nur, weil ich eine Sekunde nicht aufgepasst hatte.

Merke: Auch in einem vermeintlichen Routineeinsatz sollte man die Konzentration hoch halten und insbesondere im Beisein von unerfahrenen Kollegen aufpassen, dass die Reihenfolge eingehalten wird. Es war mir eine Lehre.

Die bunte Welt der Drogen

In Frankfurt ist es nun mal so, dass man sehr viel mit Menschen in Kontakt kommt, die Drogen missbrauchen. Je nach Stadtteil ist das natürlich in der Masse unterschiedlich, aber überall denkbar. Da es so viele waren in meiner Laufbahn, kann ich natürlich nicht alle Einsätze mit Drogenmissbrauch hier aufschreiben. Aber ich möchte dennoch nicht versäumen, ein paar Highlights zu beschreiben, die mir widerfahren sind.

Grundsätzlich muss ich sagen, dass man vor Drogenabhängigen keine Angst zu haben braucht. Natürlich sind diese Menschen im Endstadium ihrer Sucht kein schöner Anblick und sie lassen die Körperpflege, sagen wir … ein wenig schleifen.

Man muss aber immer im Hinterkopf behalten, dass diese Menschen immer eine Geschichte haben und es einen Grund gibt, warum sie dahin gerutscht sind, wo wir sie auflesen.

Ich gebe zu, es ist schwer. Denn es ist wahrlich kein schöner Anblick.

Ich kann mich sehr gut daran erinnern, als ich zum ersten Mal in einer Wohnung war, die sich ein schwerstabhängiges Pärchen teilte. Die Wohnung war winzig. Ich würde es ein Einzimmerwohnklo nennen und damit nicht übertreiben. Ich übertreibe auch nicht, wenn ich Ihnen berichte, dass diese Wohnung komplett vermüllt war. Es gab ein Bett, einen Gang zwischen dem Müll zum Fenster und zum Ausgang. Im Rest des Raumes war hüfthoch Müll gestapelt. Das war ganz zu Beginn meiner Karriere und ich weiß nicht, ob ich es erwähnt habe, aber ich bin sehr behütet aufgewachsen. Und meine Mutter, sie möge es mir an dieser Stelle verzeihen, hat einen Putzfimmel (Mama, schimpf nicht, das ist so, da kannst du alle fragen).

Ich war dermaßen damit überfordert, dass eine Wohnung so aussehen konnte, dass ich alles um mich herum vergaß. Da lag ein halb nackter, bewusstloser Mann auf der Türschwelle zum Badezimmer und ich war damit beschäftigt zu begreifen, wie man so leben konnte. Mein Kollege war zwar schon länger dabei, aber auch schockiert über den Zustand der Behausung. Er fragte die Frau, was los sei und warum ihr Freund bewusstlos am Boden liegen würde.

»Ich weiß es nicht.« Sie wirkte ehrlich besorgt und schob nach: »Was soll ich denn machen?«

Daraufhin konnte mein Kollege nicht anders, als etwas angefressen zu sagen: »Vielleicht erst mal hier aufräumen.«

Wir kümmerten uns um den Mann, der wenig später wieder von alleine zu sich kam. Eigentlich ein völlig unbedeutender Einsatz, den ich, hätte ich ihn Jahre später erlebt, nach wenigen Augenblicken wieder vergessen hätte. Aber da ich zum ersten Mal gesehen hatte, wie man abstürzen kann, hat sich das Bild der vermüllten Wohnung bei mir eingebrannt und ist bis heute präsent. Dieser Einsatz war ein wichtiger Baustein in meinem Leben, das weiß ich heute. Denn ab da begann ein Umdenken in meinem jugendlichen Gehirn, dass man auch so enden konnte, wenn man sein Leben nicht im Griff hat. Ich will auf keinen Fall behaupten, dass ich in irgendeiner Weise jemals gefährdet war, in die Drogenabhängigkeit zu rutschen. Aber ich behaupte, dass dieser Einsatz und viele darauffolgende in der Drogenszene dazu beigetragen haben, dass ich in meinem Leben einen Joint auch nur angefasst habe und das auch so bleiben wird. Denn für mich gibt es nichts Schlimmeres als den Kontrollverlust – aber genau das passiert, wenn man sich der Drogensucht hingibt und sie nicht abwenden kann.

Es ist natürlich sehr unangenehm, mit Drogenabhängigen im Rettungsdienst zu arbeiten. Man kommt ihnen näher, als es einem lieb ist, das ist unbestreitbar. Ich habe mich sehr oft dabei ertappt, wie ich sie alle über einen Kamm geschert und, zugegeben, auch ein Stück verachtet und stigmatisiert habe. Das bleibt nicht aus, denn wir sind alle Menschen. Aber ich muss auch sagen, dass ich in all den Jahren nie einen Drogenabhängigen getroffen habe, der mir Böses wollte. In den allermeisten Fällen schämen sich diese Menschen. Sie wissen um ihre Situation und es ist ihnen mehr als peinlich. Sie wollen eigentlich nur in Ruhe gelassen werden. Ich wage zu behaupten, dass ich nur deshalb immer gut mit ihnen klargekommen bin, weil ich sie immer ernst genommen und mit Respekt behandelt habe. Kaum ein Drogenabhängiger ruft selbst den Rettungsdienst. Wirklich kaum. Aber einer hat das doch mal getan …

Geh nach Hause …

In diesem Zusammenhang muss der junge Mann erwähnt werden, der uns an einem regnerischen Nachmittag auf Trab gehalten hatte. Der Notfall war unklar, wie man so schön sagt, wenn man nicht weiß, was der Anrufer überhaupt von einem will, und man denkt, vielleicht schicke ich lieber mal jemanden hin, der sich die Sache anschaut. Die Anfahrt dauerte recht lange, was im Prinzip nicht weiter schlimm ist, wenn der Notfall es aushalten kann. Aber bei rutschigem Wetter ist es halt immer riskant und ich war froh, als wir heil ankamen.

Die Einsatzstelle war in einem Wohnhochhaus. Die Gänge waren dunkel, die Wohnung eng und man fasste besser nichts an. Wir fanden die Wohnung in einem der oberen Stockwerke und klingelten an der Tür.

»Hiääär …«, kam es von drinnen und wir stellten schnell fest, dass die Wohnungstür ein kleines Stück geöffnet war. Wir interpretierten diesen langgezogenen Laut als Aufforderung zum Eintreten und wollten das auch tun. Doch leider ging die Tür nicht weit genug auf, als dass wir hätten durchschlüpfen können. Irgendetwas blockierte sie. Wir gaben diese Information an den Wohnungsinhaber weiter, der allerdings nicht so ganz wusste, warum zum Teufel wir ihm jetzt nicht helfen wollten. Wir sollten jetzt gefälligst zu ihm kommen. Es dauerte ein paar Augenblicke, bis der Patient die Situation erfasste. Zwischendurch wurde es auch mal lauter, da er einfach nicht verstehen wollte, dass seine Tür von innen blockiert war und nur er diese Blockade entfernen konnte. Endlich hatte er es begriffen. Er räumte das Fahrrad, das im Wohnungsflur stand, zur Seite und wir konnten nun endlich die Wohnung betreten.

Die Stimmung war also schon ein wenig aufgeheizt.

Wir trafen auf einen kleinen schmalen Mann, der einen Kapuzenpullover trug. Er lief in der Wohnung auf und ab und war offensichtlich sehr unruhig.

Wir waren professionell genug, um die kleine Episode mit dem Fahrrad schnell zu vergessen, und fragten nach seinem medizinischen Notfall, der die Anwesenheit eines RTW erforderte. Statt einer Antwort streckte er uns einen Arm entgegen und rief wieder: »Hiääär …«

Ich war ein wenig verwirrt. Dann sah ich, dass er in der Hand eine kleine Scheckkarte hielt. Ich dachte, es sei seine Versichertenkarte, und sagte zu ihm, dass ich die noch nicht benötigte, da ich erst einmal wissen wollte, was ihm fehlte und warum wir hier seien.

»Hiääär …«, sagte er noch eindringlicher und wedelte mit der Karte herum.

Ich dachte, wenn ihm so viel daran liegt, dass wir wissen, wo er versichert ist … bitte schön, des Menschen Willen ist sein Himmelreich … und nahm die Karte entgegen. Doch schon beim ersten Blick darauf erkannte ich, dass es sich nicht um eine Gesundheitskarte handelte.

»Das ist eine Kundenkarte einer Apotheke«, sagte ich und gab sie ihm zurück. »Damit kann ich nichts anfangen.«

»Doooch …«, kreischte er und verweigerte die Rücknahme der Karte.

»Was soll ich denn damit?«, fragte ich.

»Mein Methadon holen.«

Ich dachte, mich verhört zu haben.

»Wie bitte?«

»Ich brauch' mein Methadon aus der Apotheke, Mann.«

»Wir sollen also jetzt in die Apotheke fahren, um Ihnen Ihr Methadon zu holen. Habe ich das richtig verstanden?«

»Genauuu ...«

Wieder lief er auf und ab. Völlig aufgelöst und verzweifelt. Ich schaute nochmals auf die Apothekenkarte.

»Die Apotheke ist hier um die Ecke, warum gehen Sie nicht selber?«

»Ja, wie denn???«

Mein Kollege und ich schauten uns ratlos an.

»Ich kann doch in dem Zustand nicht auf die Straße. Ich bin voll im Entzug.«

»Naja, Sie können ja offensichtlich hier hin und her laufen.«

»Wollt ihr das jetzt nicht machen, oder was?«, fragte er ungläubig.

»Ich weiß nicht, ob Sie das mitbekommen haben. Wir sind ein Rettungswagen. Diese sind reserviert für lebensbedrohliche Verletzungen und Krankheiten. Oder zumindest für Menschen in Notlagen, die fremde und professionelle medizinische Hilfe benötigen, das ist bei Ihnen unserer Meinung nicht der Fall.«

Er riss seinen Kapuzenpulli nach oben und zeigte uns seinen dürren Leib.

»Hiäään ... guck dir das an. Ich hab' dreißisch Kilo verlor'n.«

Obwohl ich, seit ich achtzehn war, mit Übergewicht zu kämpfen habe, verkniff ich mir die Frage nach seinem Diätgeheimnis.

»Was soll ich denn machen?«, fragte er erneut.

»Wenn Sie nicht zur Apotheke gehen wollen, rufen Sie halt dort an. Die haben bestimmt einen Lieferservice.«

»Ja, wieee denn?«, kreischte er.

»Äh ... mit dem Telefon, die Nummer steht auf der Karte.«

»Ich hab' kein Telefon.«

»Und wie haben Sie dann bei uns angerufen?«

»Ich war bei der Nachbarin.«

Das wurde jetzt wirklich bizarr. Das muss man sich mal im Kopf zurechtlegen.

Ich fasse das mal zusammen.

Wir sind ungefähr zehn Kilometer auf regennasser Straße mit Sonderrechten[1] (was immer gefährlich ist, auch bei trockener Witterung) zu einem Mann gefahren, der einen medizinischen Notfall gemeldet hat, weil er sein Methadon von der Apotheke brauchte. Er konnte zwar wie ein HB-Männchen in seiner Wohnung auf und ab rennen, aber nicht geschätzte fünfhundert Meter zu seiner Apotheke gehen und sich die Ersatzdroge besorgen. Darüber hinaus schaffte er es zwar, zur Nachbarin zu gehen, sie um ihr Telefon zu bitten, um den Notruf zu wählen. War aber nicht helle genug, um die Apotheke anzurufen und den Lieferservice zu bemühen. In der Zeit, in der wir zu ihm gefahren, gegen die blockierte Tür gekämpft, mit ihm diskutiert und gestritten haben, wäre er locker in die Apotheke gelaufen und alles wäre bereits wieder gut.

Wir teilten ihm dann mit, dass wir nicht sein persönlicher Kurierdienst sind und aufgrund unserer langjährigen rettungsdienstlichen Ausbildung und Berufserfahrung nicht erkennen können, dass er ein medizinischer Notfall sei, sondern er sehr wohl in der Lage ist, sich selbst zu helfen.

»Also macht ihr das jetzt nicht?«, wollte er wissen.

---

1 Sonderrechte: Die Sonderrechte für den Rettungsdienst werden in § 35 Absatz 5a und § 38 Absatz 1 der StVO geregelt. Darin steht sinngemäß, dass u.a. Rettungsdienstfahrzeuge von den Vorschriften der StVO befreit sind, wenn höchste Eile geboten ist, um Menschenleben zu retten oder schwere gesundheitliche Schäden abzuwenden (§ 35) bzw. kurz gesagt: Martinshorn und blaues Licht.

»Nö.«

Er schien sehr wütend zu werden, dass wir ihn im Stich lassen. Er warf sich seine Kapuze über den Kopf, knickte den Oberkörper ein und schrie: »Dann halt nicht. Lasst mich hier verrecken. Geht nach Hause, trinkt 'ne Brause … ich komm schon klar. Raus aus meiner Wohnung.«

Wir wünschten ihm noch einen schönen Tag und folgten seiner Anweisung, die Wohnung zu verlassen.

Das Mitglied

Das Thema Missbrauch von Rettungsmitteln ist ganz heiß in unserer Branche. Es gibt zahlreiche Memes, wie man es heute nennt, zu diesem Thema. Leider ist den Patienten oft nicht bekannt, in welchen Fällen ein RTW oder gar NEF gebraucht wird. Viel weniger bekannt ist es den meisten Menschen, in welchen Fällen sie *keinen* RTW benötigen.

So auch der Dame, die uns mit Dringlichkeit herbeirief. Es ging ihr scheinbar so schlecht, dass sie über die 112 um Hilfe rief, weil sie ihrer Blutung aus der Nase[1] nicht mehr Herr wurde.

Wir fuhren mit Blaulicht und Sirene zur Einsatzstelle und eilten der Patientin zur Hilfe. Als wir die Tür öffneten, stand eine ältere Dame vor uns. Sie war ausgehfertig, inklusive Mütze, Schal und Mantel. Neben ihr stand ein kleiner Koffer und sie hielt die Wohnungsschlüssel in der Hand. Sie begrüßte uns mit den Worten, die wir am allerliebsten hören: »Ah, da sind Sie ja endlich.« Schon alleine der Tonfall, als wären wir ihr Personal und hätten uns irgendwo herumgedrückt, war eine Frechheit.

Wir fragten, wo denn die gemeldete Notfallpatientin sei.

»Das bin ich«, offenbarte die Ausgehfertige.

»Aha«, erwiderte ich.

---

1 Wenn dem so ist, dann ist gegen einen schnellen Transport in ein nahe gelegenes Krankenhaus, dem eine HNO-Abteilung angeschlossen ist, nichts entgegenzusetzen und rechtfertigt auch einen dringlichen RTW-Einsatz.

»Können wir dann los?«, fragte sie.

»Wohin?«

»Na, ins Krankenhaus.«

»Warum?«

»Weil ich Nasenbluten habe.«

Ich inspizierte die Frau. Nicht ein einziges Anzeichen von Nasenbluten.

Keines. Null. Nichts. Nada. Nothing. Rien. Niente und in allen anderen Sprachen auch.

Ich schwöre es. Selbst CSI-Miami und Chicago zusammen hätten kein Blut an dieser Frau gefunden.

In ihrer Nase steckten Taschentücher, beide weiß wie das Fell eines Eisbären im Neuschnee. Diese Frau blutete nicht! Oder nicht mehr …

»Kann ich nicht erkennen«, sagte ich deshalb.

»Ich bin examierte Krankenschwester«, blökte sie.

Ich verzichtete auf den Hinweis, dass es exaMINierte Krankenschwester heißt, und beglückwünschte sie zu ihrem Abschluss.

»Und jetzt?«, fragte ich.

»Fahren Sie mich ins Krankenhaus.«

»Nein.«

»Warum nicht?«

»Weil wir ein RTW sind, der für potenziell lebensbedrohliche Erkrankungen und Verletzungen reserviert ist«, sagte ich mein Sprüchlein auf. »Was Sie ja offensichtlich beides nicht sind.«

»Ich habe Bluthochdruck.«

»Aha.«

»Und ich habe ihn bereits gemessen.«

»Und?«

»Der ist in Ordnung.«

»Prima.«

»Außerdem habe ich Diabetes.«

»Haben Sie Ihren Zucker gemessen?«

»Ja.«

»Und?«

»Der ist auch in Ordnung.«

»Na dann.« Ich stellte erneut die Frage. »Was sollen wir jetzt ihrer Meinung nach tun?«

»Mich ins Krankenhaus fahren.«

»Nein.«

Die Frau wurde ungehalten und zeterte herum.

»Ich bin seit fünfundzwanzig Jahren Mitglied beim Arbeiter-Samariter-Bund. Und Sie müssen mich ins Krankenhaus fahren.«

»Und wir sind von der Feuerwehr und fahren Sie nirgendwohin. Sie verwechseln uns mit einem Taxi.«

»Das ist doch wohl … Ein Skandal, ist das … Eine Frechheit … Mitglied seit … Ich werde mich beschweren … Sie werden in der Zeitung stehen …« Bla, bla, bla …

Wir blieben ruhig, hörten uns die Tirade an und schulterten unser Material.

»Verlassen Sie sofort meine Wohnung. Hinaus!«

Wir waren sowieso im Begriff zu gehen und wünschten einen schönen Tag. Ein Wunsch der guten Besserung war nicht angebracht … ihr ging es ja gut.

Diese Frau beschwerte sich tatsächlich schriftlich über uns … oder Moment … doch nicht. Ihre Tochter, die überhaupt nicht anwesend war, beschwerte sich schriftlich über uns. Es war ein hochdramatischer Brief, der die Situation so darstellte, als hätten wir ihre völlig hilflose Mutter (zur Erinnerung: die exam[in]ierte Krankenschwester) in einer Blutlache zurückgelassen und den Löwen zum Fraß vorgeworfen und anschließend auf dem Marktplatz präsentiert. Der letzte Satz des Briefes lautete: »Ich werde nicht eher ruhen, bis die Schuldigen gefasst und bestraft worden sind.«[1]

Da wir uns schon dachten, dass die Dame sich beschweren würde, marschierten wir direkt nach dem Einsatz zu unseren Vorgesetzten, schilderten die Situation (wahrheitsgemäß) und verfassten ein Gedächtnisprotokoll. Die Antwort unseres Amtsleiters an die Dame war freundlich, aber bestimmt. Im Tenor sagte der Brief aus, dass wir richtig gehandelt hatten. Wir hörten weder etwas von der exam(in)ierten Krankenschwester noch von deren Tochter.

Dieser Fall zeigt deutlich, dass manche Menschen einfach ein falsches Bild vom Rettungsdienst haben. Zu denken, mit einer Mitgliedschaft beim ASB erkauft man sich das Recht auf einen RTW, ist alleine schon naiv und anmaßend. Aber sich dann auch noch darüber zu beschweren, dass dieser Service nicht geboten wird, wenn man eine Taxifahrt ins Krankenhaus wünscht, ist schon dreist. Verstehen Sie mich nicht falsch. Wer einen Transport braucht, bekommt ihn. Aber wer in der Lage ist, den Koffer zu packen, sich komplett mit Hut und Schal anzuziehen, als Fachfrau den Blutdruck und den -zucker misst, einschätzt und ihn für gut befindet, gut zu Fuß und ansonsten topfit ist, hat in einem RTW, der knapp 400 Euro pro Einsatz kostet, nichts verloren. Zumal in dieser Zeit das Fahrzeug für echte Notfälle blockiert ist.

Und wenn wir schon dabei sind: Der Rettungshubschrauber kommt auch dann, wenn Sie kein Mitglied irgendeiner Hilfs-

---

1 Im Wortlaut. Kein Zitat.

organisation sind. Der Rettungsdienst macht keinen Unterschied zwischen Mit- und Ohnegliedern. Wir kommen, wenn es angebracht ist, und fragen nicht nach einer Mitgliedschaft in irgendeiner Hilfsorganisation. Der Einsatz wird in der Regel von Ihrer Krankenkasse bezahlt, nicht von den Mitgliedsbeiträgen. Die Beiträge zu den Hilfsorganisationen sind freiwillige Spenden, die für viele Dinge ausgegeben werden, aber nicht für den Transport in eine Klinik. Sie erkaufen sich damit keine Rechte. Sie können aber den Beitrag bei der Steuer absetzen … immerhin. Das Problem ist, dass die Drückerkolonnen, die im Auftrag der ein oder anderen Hilfsorganisation unterwegs sind, genau diese Lügen als Argumente anführen und gutgläubigen Menschen damit das Geld aus der Tasche ziehen.

Die Karotte im Hals

Wie es ausgehen kann, wenn man selbstsüchtig und hilflos ist, kann ich im folgenden Fall dokumentieren. Man hat ja, gerade im Rettungsdienst, immer mal wieder mit Menschen zu tun, bei denen man denkt: »Was soll ich denn jetzt hier?« Das Blöde daran ist, dass diese Menschen, die dich gerufen haben, das meistens ganz und gar nicht so sehen, sondern in dramatischen Szenen auf ihr Leiden hinweisen und denken, jetzt müssen sie mindestens sterben, wenn nicht noch Schlimmeres. So kam es, dass wir spät abends zu einem Mann gerufen wurden, der keine Luft mehr bekam. So zumindest die Meldung auf dem Alarmausdruck.

Als wir ankamen, empfing uns ein sichtlich nervöser Mann und bat uns in das Haus. Wir fragten ihn, wo denn der Patient sei, um den wir uns kümmern sollen.

»Das bin ich«, sagte er und schien uns für völlig bescheuert zu halten.

»Aha«, machte ich und ahnte Ungemach. »Was haben Sie denn für ein Problem?«, fragte ich.

»Ich bekomme keine Luft mehr.« Er würgte theatralisch (und ziemlich ekelhaft) und beugte sich mit einem Griff an den Hals nach vorne. Die Symptome einer echten Atemnot[1]

---

1 Atemnot ist als bewusstes, aber subjektives Empfinden nicht messbar. Es lässt sich jedoch erkennen, ob die Atmung unregelmäßig ist. Sie kann gesteigert, vermindert oder unregelmäßig sein. Man kann erkennen, ob sich jemand schwertut und hörbar mit großer Not atmet (Atemgeräusche) oder dabei auch eine besondere Haltung einnimmt, um Luft zu bekom-

zeigte er nicht. Darüber hinaus redete er wie ein Wasserfall, was ein eindeutiges Zeichen dafür ist, dass er keine Atemnot hatte. Zumindest keine medizinische.

»Ich habe heute Abend im Restaurant gegessen und da waren im Salat so kleine Karottenstreifen und die stecken mir jetzt im Hals und kommen nicht mehr raus.« Er untermalte seine Diagnose mit einem weiteren ekelerregenden Würgen.

»Haben Sie schon mal was getrunken?«, fragte ich.

»Klar.«

»Und?«

»Immer noch drin.«

»Wann genau war das denn?«

»Was?«

»Das Abendessen.«

»Um neunzehn Uhr.«

Ich schaute auf die Uhr. Es war nach zweiundzwanzig Uhr.

»Und da rufen Sie jetzt an?«

»Ja.«

»Ich glaube kaum, dass wir da die richtigen Ansprechpartner sind.«

»Wieso?«

»Weil wir ein Rettungswagen sind und für … Sie sind kein Notfall.«

»Waaas? Ich bin sehr wohl ein Notfall. Ich bekomme keine Luft mehr. Das ist eine Frechheit, ich werde mich beschweren. Da steckt mir was im Hals. Das hatte ich schon mal …«

»Aha«, ging ich dazwischen. »Und? Was wurde damals gemacht?«

men. Nicht selten sind Menschen in dieser Situation auffallend unruhig, angstvoll und blass, vielleicht bricht ihnen kalter Schweiß aus allen Poren, oft haben sie auch blaue Lippen (Fachbegriff für diese Veränderungen: Zyanose).

»Ja … nix!«

Was für eine Überraschung, dachte ich.

»Ich war damals auch im Krankenhaus und da haben sie mir in den Hals geguckt und da haben sie nichts gefunden und dann haben sie mich wieder heimgeschickt und dann war das irgendwann weg.«

»So wird es auch diesmal sein. Ich vermute, dass sie eine Allergie haben.«

»Naaain. Mir steckt was im Hals.« Es folgte Würgen, angetäuschtes Kotzen, Theatralik. »Sie müssen mich ins Krankenhaus bringen.«

»Wissen Sie, wir sind der einzige RTW weit und breit«, antwortete ich. »Der nächste RTW steht etwa fünfzehn Kilometer weit weg. Wenn wir Sie jetzt ins Krankenhaus bringen, obwohl Sie kein Notfall sind, blockieren wir über eine Stunde das einzige Rettungsmittel in der Gegend. Was meinen Sie, was los ist, wenn uns jemand in dieser Zeit wirklich braucht, während wir für Sie das Taxi spielen.«

»Also wollen Sie mich jetzt nicht ins Krankenhaus fahren?«

»Nein.«

»Wie soll ich denn sonst dahin kommen?«

»Mit Ihrem Auto.«

»Ich habe kein Auto.«

»Mit dem Bus.«

»Da fährt doch jetzt nix mehr!«

»Dann muss Sie halt ein Freund fahren.«

»Ich habe keine Freunde.«

Warum wohl?, dachte ich. Laut sagte ich: »Dann nehmen Sie halt ein Taxi.«

»Wer soll das bezahlen?«

»Derjenige, der es bestellt.«

Daraufhin rastete er vollkommen aus, beschimpfte und

verfluchte uns und verwies uns des Hauses mit dem Hinweis, dass wir von ihm hören würden, was uns so ziemlich egal war.

Und jetzt, liebe LeserInnen aufgepasst:

Wir waren kaum zurück auf der Wache, schon wurden wir zu einer bewusstlosen Person in der direkten Nachbarschaft gerufen. Diese Person wäre vermutlich gestorben, wenn wir den Karottenmann ins Krankenhaus gefahren hätten. Wir konnten schnell helfen und alles wurde gut. Wenn ich damals nicht schon einiges an Erfahrung mit solchen Patienten und entsprechendes Selbstvertrauen gesammelt hätte, wäre es für den bewusstlosen Mann neben der Wache ernst geworden. Als junger Sanitäter hätte ich den Mann vermutlich aus Angst vor Repressalien transportiert und den Patienten, der unsere Hilfe wirklich gebraucht hätte, damit vielleicht indirekt und unverschuldet umgebracht. Verstehen Sie mich nicht falsch. Wenn jemand ein medizinisches Problem hat, mit dem er oder sie alleine überfordert ist und unsere Hilfe benötigt, bin ich der Letzte, der etwas gegen das Telefonieren mit der 112 und ein schnelles Eingreifen hat. Dafür sind wir ausgebildet und das ist unser Job. Aber der Rettungsdienst ist nicht das Taxi für Mitglieder des ASB, die denken, durch ihren Beitrag haben sie jederzeit das Recht auf einen RTW, und er ist auch nicht für bildungsferne Menschen, die überdramatisieren und eine echte Notfallsituation von einer harmlosen Allergie nicht unterscheiden können. Beides wäre noch geradeso zu tolerieren gewesen, wenn nicht beide dermaßen unverschämt und herrschsüchtig uns wie ihre Dienstboten behandelt hätten und mit einer Selbstverständlichkeit wegen einer persönlichen Lappalie auf das Solidarprinzip gesch… -pfiffen hätten.

Der Simulant

Zu Beginn meiner Karriere hätte ich in den beiden vorangegangenen Fällen anders gehandelt. Vermutlich hätte ich mich bei beiden weggeduckt und sie ins Krankenhaus gefahren. Aber mit der Zeit bekommt man eine neue Sichtweise auf die Dinge und man wird selbstbewusster. Aber auch die medizinische Ausbildung und das daraus resultierende Hintergrundwissen spielt eine enorme Rolle. Dieses Wissen hätte ich mir damals gewünscht, als ich noch ziemlich am Anfang stand und die ersten Nächte in der Frankfurter Innenstadt verbracht habe.

Wie ich ja schon erwähnte, durften die Zivis die RTW nicht fahren, da der Geschäftsführer der Meinung war, dass die jungen Kerle die Autos allesamt zu Schrott fahren. Ich muss zugeben, da hatte er nicht ganz unrecht. Allerdings entstand dadurch das Problem, dass die Zivis, die nur rudimentäre medizinische Kenntnisse hatten, als Heiler[1] arbeiten mussten … ohne es zu sein.

So kam es, dass wir in jener Nacht von der Polizei gerufen wurden. Die Einsatzstelle war im Bahnhofsviertel. Als wir eintrafen, standen zwei Polizisten um einen kleinen Mann, dem es offensichtlich nicht gut ging. Wir schnappten uns den Patienten und luden ihn in den RTW, wo er auf die Trage ge-

---

1 Heiler wurden die Personen auf dem RTW genannt, die eine gesetzlich geforderte rettungsdienstliche Ausbildung hatten. Der Heiler hatte die medizinische Verantwortung im RTW und die entsprechende Fachkenntnis.

legt wurde. Die Vitalparameter (Blutdruck, Puls, Atmung) wurden überprüft und für ausreichend empfunden. Alles gut soweit. Keine Auffälligkeiten. Dennoch klagte der Patient über Schmerzen in der Brust und allgemeines Unwohlsein. Es konnte also auch ein Herzinfarkt im Raum stehen. Nach den erhobenen Werten unwahrscheinlich bis ausgeschlossen, aber das wusste ich damals noch nicht. Es galt zu dieser Zeit das Load-and-Go-Prinzip … oder auf deutsch: Einladen und wegfahren. Getreu dem Prinzip beschlossen wir also, den Patienten in die Klinik zu fahren, um kein unnötiges Risiko einzugehen. Der Teufel ist ein Eichhörnchen. Kein Risiko. Die Wahrheit: Wir hatten beide keinen Plan, was mit dem nicht stimmte.

Mein Kollege setzte sich hinter das Steuer und ich nahm neben dem Patienten auf dem Klappstuhl Platz. Der Transport schien ein schneller und ruhiger zu werden. Dachte ich …

Doch es kam alles anders. Ein paar Minuten, nachdem wir losgefahren waren, stöhnte der Patient und wurde zunehmend unruhig. Ich erkundigte mich nach seinem Wohlergehen. Er wurde immer unruhiger, griff sich an die Brust und warf den Kopf hin und her. Ich hatte schon jetzt den Kontakt zu ihm verloren und langsam stieg die Panik in mir hoch. An dieser Stelle muss ich vielleicht noch erwähnen, dass zur damaligen Zeit die Überwachung des Patienten, wie wir sie heute kennen, nicht gegeben war. Wir hatten weder ein aussagekräftiges EKG-Gerät (mal davon abgesehen, dass mir bis dahin nie jemand gezeigt hatte, wie das Gerät funktioniert, noch wie man ein EKG interpretiert), noch hatten wir eine permanente automatische Blutdrucküberwachung, und eine Kontrolle der Sauerstoffsättigung im Blut war so weit weg wie Neuseeland vom Mond. Im Prinzip hatten wir nur Gottvertrauen und die Hoffnung, schnellstmöglich den Patienten im Krankenhaus abzuliefern.

Der Mann war jetzt völlig weggetreten. Schließlich wurde er bewusstlos und ich war spätestens jetzt völlig ratlos und überfordert. Ich versuchte, den Mann irgendwie zu wecken. Ich schlug ihm auf die Wangen, rieb sein Brustbein und petzte ihn in die Brustwarzen. Keine Reaktion. Aber er hatte noch Puls und atmete. Ich verstand nicht, warum er bewusstlos war. Ich klopfte in meiner Panik und der Gewissheit, dass der Kerl hier gleich stirbt, an die Scheibe zur Fahrerkabine und rief: »Gib Gas, der verreckt mir hier.«

»Was?«

»Ja, Mann. Gib Gummi! Der ist bewusstlos.«

»Warum?«

»Was weiß denn ich? Drück auf die Tube und schalt das Blaulicht ein. Der kackt mir hier ab.«

Mein Kollege gehorchte und fuhr mit Karacho in die Klinik, während ich hinten drin versuchte, den kleinen Mann ins Hier und Jetzt zurückzuholen. Was mir einfach nicht gelingen wollte. Ich wurde immer verzweifelter und wusste nicht, was ich tun sollte. Es war ja noch alles da, was man so zum Leben benötigt. Atmung, Kreislauf, Blutdruck. Es fehlte einfach nur das Bewusstsein. Ich war jung, schlecht ausgebildet und so gut wie ohne Erfahrung. Also dachte ich, der Typ kratzt mir ab.

Wieder trieb ich meinen Fahrer zur Eile. Der gab alles. Wir fuhren wie vom Teufel gehetzt in die Zielklinik. Wir meldeten uns sogar über die Leitstelle dort an, dass wir Probleme haben und jetzt gleich einen präfinalen Patienten bringen würden.

Vor Ort ging auch alles reibungslos. Das Team der Notaufnahme stand parat und nahm uns in Empfang. Dann kam aus dem Hintergrund ein Pfleger.

Er rief: »Aaah, der Herr Rodriguez[1] …, war'n wir mal wieder im Puff.«

Ich schaute den Pfleger an, dann schaute ich auf meinen Patienten, der auf einmal schlagartig wieder völlig gesund schien. Ich war hochgradig verwirrt. Herr Rodriguez war putzmunter, lag im Klinikbett und grinste breit. Er wurde in ein Untersuchungszimmer gefahren und bekam ein großes EKG geklebt. Dabei wirkte er wie ein frischer Frühlingstag. Putz und Munter waren seine ständigen Begleiter und ich … hasste ihn.

Ich ging zu dem Pfleger, der den Patienten offenbar schon kannte, und fragte nach dessen Geschichte.

»Ach, der Herr Rodriguez ist eigentlich einmal im Monat hier«, sagte der Pfleger völlig entspannt. »Damit er keinen Ärger zu Hause bekommt und ein Alibi für seine Frau hat, spielt er nach dem Puffbesuch immer einen Herzinfarkt vor.« Der Pfleger grinste. »Hat ja mal wieder geklappt.«

Ich schaute den Pfleger entsetzt an, dieser grinste und schlug mir aufmunternd auf die Schulter.

Ich schaute in den Behandlungsraum, in dem der Simulant verkabelt wurde und mir zuwinkte. »Danke fürs Fahren«, rief er mir zu und ich … wollte ihn einfach nur schlagen.

1 Name geändert

Einfach weg

Im Rettungsdienst trifft man unzählige Menschen in Situationen, in denen sie sehr oft buchstäblich nackt vor einem liegen. Nicht nur körperlich, sondern auch seelisch. Man muss sich das immer vor Augen halten. Wir treffen als Rettungsdienstler wildfremde Menschen, die sich uns völlig ausliefern. Sie vertrauen uns. Gut, wir haben natürlich Schweigepflicht und wir halten uns auch daran. Nicht nur, weil eine Verletzung dieser Schweigepflicht ernsthafte Konsequenzen für uns haben kann, bis hin zum Jobverlust oder gar Gefängnisstrafe. Aber es ist auch eine Frage des Anstands. Sie werden in diesem Buch keinen genauen Ort erfahren und auch keine echten Namen lesen können. Das ist verboten und würde tatsächlich die Schweigepflicht verletzen. Aber es ist auch eine Frage der Würde. Niemand möchte in so einem Buch auftauchen. Mal davon abgesehen, glaube ich kaum, dass auch nur ein einziger Patient von mir dieses Buch jemals lesen wird. Das wäre ein ziemlicher Zufall. Aber selbst wenn es so ist, achte ich penibel darauf, dass niemand erkennen kann, wo ich wann war und wer genau gemeint ist. Das nur als Hinweis. Und wenn Sie sich hier wiedererkennen und dabei schlecht wegkommen … tja, dann machen Sie sich mal Gedanken darüber, ob Ihr Verhalten damals richtig war. Ansonsten hoffe ich doch sehr, dass Sie das lesen können, denn dann leben Sie noch und ich hab' alles richtig gemacht.

Zurück zum Thema.

Wie gesagt: Im Rettungsdienst treffen wir auf fremde

Menschen, die uns in ihre Privatsphäre lassen. Von der ersten Sekunde an. Das merken die gar nicht. Wir kommen da nicht als Meddi Müller oder Horst Schmidt[1] an. Wir betreten die Wohnungen der Menschen und ihren persönlichen inneren Kreis als Rettungsdienst. Sie haben ein Urvertrauen in uns. Das kann man sich zunutze machen. Denn wenn wir durch die Tür kommen, wird immer alles gut. Verstehen Sie? Wir bringen Heilung. Deshalb ist ein Satz sehr wichtig im Rettungsdienst: Sicheres Auftreten, trotz völliger Ahnungslosigkeit. Mehr als einmal in meiner Karriere stand ich dermaßen auf dem Schlauch, dass der Suez-Kanal übergelaufen wäre, wäre er durch diesen Schlauch geflossen. Gemerkt hat das niemand. So habe ich einmal einen jungen Mann ins Krankenhaus gefahren, weil er einfach nur müde war. Müde sein ist kein Notfall, denken Sie jetzt. Aber manchmal muss man auf seine innere Stimme hören und das Gefühl zulassen. Das Gefühl, dass hier was … komisch ist. Die Mutter erzählte mir, dass der Junge eine sehr seltene Krankheit habe und deshalb auch in Behandlung sei. Ich nickte wissend, trotz völligem Unwissen, und nahm ihn mit. Im Fahrzeug googelte ich dann die Krankheit, deren Namen ich mir nicht merken konnte. Jedenfalls hatte die einer von einhunderttausend. So selten war sie. Und da stand, dass bei ständiger Müdigkeit der Patienten mit dieser Krankheit akute Lebensgefahr bestand. Meine Augen wurden groß, ich sprang auf und trieb meinen Fahrer zur Eile an. Alles richtig gemacht.

Das war ein Bauchgefühl und ich handelte instinktiv. Für den jungen Mann war das gut und es half ihm. Mein Kollege fragte mich nach dem Einsatz, woher ich denn von dieser

1 Beispielname. Ich kenne keinen Horst Schmidt.

seltenen Krankheit wusste. Ich sagte: »Ich weiß gar nix darüber.«

»Aber als die Mutter darüber gesprochen hat, hast du ausgesehen, als wüsste du genau Bescheid.«

»Das gehört zum Job«, gab ich mein Wissen an den jungen Kollegen weiter. »Du musst so tun, als wüsstest du alles. Für den Rest gibt's Dr. Google.«

So was lernt man an keiner Schule. Wie gesagt: Unsere Währung ist die Erfahrung.

Der schläfrige Junge hat uns gebraucht, medizinisch. Aber manchmal sind wir auch ein Ausweg aus ganz anderen Gründen.

So war es bei einem Einsatz am frühen Abend. Es hieß, ein Defibrillator hätte ausgelöst. Zum allgemeinen Verständnis: Es gibt Menschen, denen wird ein automatischer Defibrillator eingebaut. Ähnlich wie ein Herzschrittmacher überwacht dieses Gerät die Herzfunktion und schickt einen Stromstoß durch den Körper, wenn der Patient eine gefährliche Herzrhythmusstörung hat[1]. So auch bei diesem Mann. Wenn das Gerät wirklich ausgelöst hätte, wäre der Mann akut gefährdet. Das ist kein Spaß.

Bei unserem Eintreffen fanden wir drei Personen vor, die uns schon auf der Straße entgegenkamen. Wir stiegen aus und klärten ab, wer hier wer war und was überhaupt passiert sei.

Vor uns auf der Straße standen die Ehefrau des Patienten, ein junger Mann und der eigentliche Patient, ein Mann in gesetztem Alter. Auf den ersten Blick kam mir die Situation merkwürdig vor. Die Frau redete ununterbrochen. Der junge Mann

---

1 Mehr muss man nicht wissen, es wird sonst zu wissenschaftlich und das hier ist kein Fachbuch.

daneben schien irgendwie nicht so richtig dazuzugehören und der eigentliche Patient sagte nichts. Er stieg stattdessen einfach in unseren RTW ein und legte sich auf die Trage.

Die Frau sagte uns, dass ihr Mann (unser Patient) einen eingebauten Defibrillator hätte. Sie erklärte uns auch noch, welche Koryphäe in welcher Stadt den eingebaut hatte und dass dieser Arzt der Beste der Welt sei und überhaupt wolle sie, dass ihr Mann nur von diesem weltbesten Oberarzt behandelt wird. Wir erklärten ihr, dass es ein wenig zu lange dauern würde, ihren Mann in die knapp sechshundert Kilometer entfernte Stadt zur Koryphäe zu fahren und dieser mit Sicherheit um diese Uhrzeit auch schon seine Praxis geschlossen hätte. Obwohl … bis wir da wären, hätte er die Praxis auch schon wieder geöffnet, aber das verschwiegen wir ihr. Der Patient wurde von meinem Kollegen verkabelt und versorgt, während ich mir weiter von der Ehefrau anhören musste, wie toll ihr Mann bei wem in Behandlung sei und dass nur die beste Behandlung infrage käme und dass er selbstverständlich privat versichert sei und überhaupt alles nur vom Feinsten sein müsse. Ich versicherte ihr, dass wir ihn trotzdem mit bestem Wissen und Gewissen behandeln würden und ihn zum besten verfügbaren Arzt in einer entsprechenden Fachklinik bringen würden. Quasi so wie bei jedem Patienten, den wir behandeln. Aber auch das ließ ich weg. Ich kam ja so schon kaum zu ihr durch. Sie funktionierte eher wie ein Radio. Senden: ja, empfangen: nein.

Der junge, stramme Bursche stand die ganze Zeit neben dem Plappermäulchen und schaute ziemlich bedröppelt. Endlich hatte ich Zeit, mich um den Patienten zu kümmern. Inzwischen hatte mein Kollege die Vitalparameter bestimmt. Alles schien in Ordnung zu sein. Es gab keine Auffälligkeiten. Ich befragte den Mann, warum er uns denn gerufen hatte. Da fing die Dame wieder affektiert an zu wasserfallen. Ich unterbrach sie und erklärte ihr, dass ich es von ihrem Mann hören wollte, denn schließlich war es ihm widerfahren und nicht ihr. Hier noch mal ein allgemeiner Hinweis: Informationen haben wir im Rettungsdienst gerne aus erster Hand, nämlich vom Patienten selbst, so lange es noch geht. Es ist nicht hilfreich, wenn der oder die aufgeregte übergriffige Ehefrau/mann uns erzählt, was ihrer oder seiner Meinung nach passiert ist. Das führt nicht zum Ziel. Im Gegenteil, das nervt und kostet Zeit. Und Zeit ist etwas sehr Kostbares im Rettungsdienst.

Nun gut, es war weiterhin sehr schwierig, zu ermitteln, ob denn nun der Defibrillator ausgelöst hatte oder nicht. Die von uns erhobenen Parameter sprachen dagegen. Die Schilderung von Patient und Plappermaul dafür. Ich wusste die Ernsthaftigkeit der Situation immer noch nicht richtig einzuschätzen, während ich mit der Sprecherin des Patienten diskutierte, wohin wir ihren Mann fahren sollten. Sie forderte weiterhin irgendeine Koryphäe, während wir es ablehnten, an diesem Abend sechshundert Kilometer zu fahren. Das sah sie irgendwann ein. Das ging eine Weile hin und her, in der ich ihr versuchte zu erklären, dass wir in der Stadt jede Menge Fachpersonal und -gerät für genau solche Fälle vorhalten und sie sich keine Sorgen machen müsse, dass ihr Mann nicht die beste aller möglichen Behandlungen bekäme.

Dann kam der entscheidende Satz vom Patienten. Leise, kaum zu verstehen, frustriert und mehr zu sich sagte er: »Es ist doch scheißegal. Hauptsache, ich komm' hier weg.«

Von da an wurde es mir klar. Ein Windhauch fegte die nebligen Wolken hinfort und ich wusste, was mein Patient brauchte. Der Mann brauchte einfach eine Pause. Was ich voll und ganz verstand, denn die wenigen Minuten, die ich mit dieser Frau verbracht hatte, waren mir schon zu viel. Und welche Rolle der gut aussehende junge Mann, der die ganze Zeit wortlos danebenstand, in der Sache spielte, überlasse ich Ihrer Fantasie. Nur so viel sei gesagt, es war garantiert nicht der Sohn der beiden.

Die Tochter

Trigger-Warnung!

Ich muss Sie darauf hinweisen, dass die nachfolgenden Berichte nichts für schwache Nerven sind. In den Einsätzen, die ich bis hierhin beschrieben habe, ist es mehr oder weniger am Ende gut ausgegangen. Doch was jetzt kommt, wird von vielen Menschen eher als verstörend empfunden.

Noch können Sie das Kapitel überblättern.

Okay, Sie haben sich dazu entschieden weiterzulesen. Dann mal los.

Es ist schon ein paar Jahre her, da fuhren in Frankfurt noch Notarztwagen durch die Stadt. Diese Fahrzeuge waren etwas größer als ein RTW, medizinisch besser ausgestattet und hatten einen Notarzt an Bord. Es muss irgendwann in den Anfängen unseres Jahrtausends gewesen sein, als wir die Meldung hereinbekamen, dass jemand von einem Hochhaus gesprungen sei. Das geht in der Regel nicht gut aus, ist aber auch nicht ungewöhnlich.

Die Einsatzstelle war nicht weit entfernt von unserer Station und wir waren entsprechend schnell vor Ort. Als wir ankamen, fand schon eine sogenannte Laienreanimation statt. Mehrere Personen knieten um einen leblosen Körper. Wir konnten zuerst nicht erkennen, ob es sich um einen Mann oder eine Frau handelte. Wir bedankten uns bei den Ersthelfern und übernahmen die Reanimation. Mittlerweile war der

RTW auch eingetroffen und wir versuchten, die Frau zu retten. Allerdings ist eine Reanimation, die aufgrund chirurgischer Verletzungen stattfindet, so gut wie nie erfolgreich. Ich sage immer: »Was nutzt es, auf dem Herz herumzudrücken, wenn der Kopf kaputt ist?« Hört sich hart an, trifft es aber ziemlich genau. Und wenn jemand aus dem zwanzigsten Stockwerk auf harten Steinboden fällt, kann man nichts mehr machen. So auch bei dieser Patientin. Relativ schnell war klar, dass hier nichts mehr zu holen war. So weit … so normal.

Die Situation ergab, dass ich zwischen der mittlerweile offiziell verstorbenen jungen Frau und einer sehr lebendigen älteren Dame stand. Sie stellte sich als die Mutter der am Boden liegenden Frau heraus. Sie saß auf einem Betonblumenkübel und sah sehr verängstigt aus. Ich sah, wie der Notarzt die Reanimation offiziell einstellte und drehte mich genau in dem Moment um, als die Mutter mich anschaute und fragte: »Lebt Sie noch?«

Ich hasse diese Momente.

Mit den Toten habe ich in all den Jahren nie ein Problem gehabt. Die waren ja tot. Und in diesem Fall sehr wahrscheinlich selbst gewählt. Was mir immer zu schaffen machte, waren die (über-)lebenden Angehörigen. Das werden wir auch im nächsten Kapitel noch sehen. Aber dazu später mehr.

Ich stand also vor der Mutter und brachte es nicht übers Herz, ihr zu sagen, dass ihre Tochter tot ist. Ich stammelte irgendeinen Mist und war heilfroh, als der Notarzt mir zur Seite sprang und die Mutter vom Tod ihrer Tochter in Kenntnis setzte.

Diese nahm das naturgemäß nicht ganz so gut auf und brach zusammen. Sie schrie und weinte. Klassischer Nervenzusammenbruch. Wer wollte es ihr verdenken?

Ihr Mann und Vater der Toten stand neben seiner Frau, war

ebenfalls geschockt, aber wesentlich gefasster. Er versuchte, seine Frau wieder aufzurichten und zu beruhigen, was ihm nicht gelang. Die Frau schrie und weinte immer lauter. Sie war einfach nicht zu beruhigen. Die anwesenden Polizisten kamen dem Ehemann zur Hilfe. Gemeinsam halfen sie der Verzweifelten auf die Beine. Wir rieten den Polizisten, die Frau von der Einsatzstelle zu entfernen. Es war unserer Ansicht nach kontraproduktiv, wenn die Mutter weiter die tote Tochter am Boden sehen konnte. Auch wenn sie mittlerweile abgedeckt war.

Die Mutter fragte verzweifelt nach dem *Warum*. Sie sah keinen Sinn im Selbstmord ihrer Tochter. Es sei doch alles gut gewesen, es gab doch keinen Grund für die Tat.

Wir von der Rettung standen mehr oder weniger hilflos daneben und waren froh, als der Ehemann mit Hilfe eines Polizisten die Mutter ins Haus führte, wo er sie in die Wohnung brachte.

Wie wir alle wissen, gibt es in Deutschland eine goldene Regel, die da lautet:

Von der Wiege bis zur Bahre:
Formulare, Formulare, Formulare.

Wenn also ein Mensch stirbt, muss das bescheinigt werden. Es ist bei einem Todesfall im Rettungsdienst eine gute Viertelstunde für den Schreibkram einzukalkulieren. Wir waren also noch eine Weile an der Einsatzstelle beschäftigt.

Nach ein paar Minuten ging im dritten oder vierten Stockwerk ein Fenster auf und ein Polizist rief nach unten, dass sein Kollege doch bitte mal in die Taschen der Toten schauen solle, ob sie einen Ausweis dabeihabe.

»Warum?«, wollte dieser wissen.

»Mach einfach«, kam es zurück.

Auch ich war etwas verwundert, was der Kollege in der Wohnung der Eltern mit dem Ausweis der Toten wollte. Der Polizist und ich schauten uns fragend an.

»Die Eltern werden doch wohl wissen, wie ihre Tochter heißt und wo sie wohnt«, kommentierte ich die Aufforderung des Kollegen, der in der Wohnung der Eltern war. Der Polizist neben mir war der gleichen Meinung, suchte aber dennoch nach einem Ausweisdokument. Ob er einen Ausweis fand, lässt sich in meinen Erinnerungen nicht mehr genau bestätigen, ist aber für die Story irrelevant. Was er fand, war eine Fahrkarte des RMV, die in Oberursel gezogen wurde. Warum ich das noch so genau weiß, ist mir ein Rätsel … aber auch völlig irrelevant. Was jetzt geschah, war wirklich unglaublich und ich sehe es Ihnen nach, wenn Sie denken, ich würde flunkern. Aber ich versichere Ihnen, dass es sich genau so zugetragen hat, bei allem, was mir heilig ist.

Den exakten Ablauf der Ereignisse habe ich nicht mehr ganz im Kopf, auch wäre es dramaturgisch schwierig, das so zu erzählen. Das Ergebnis ist entscheidend. Es hat sich Folgendes zugetragen, wie ich aus den Berichten des Vaters, der Mutter und des Polizisten, der in der Wohnung war, in Gesprächen direkt an der Einsatzstelle erfahren habe. Als der Polizist und der Vater der Toten die weinende Mutter in die Wohnung brachten, um sie zu beruhigen, passierte etwas Unglaubliches.

Der Vater ging zum Telefon und wählte die Nummer seiner Tochter, um ihr zu sagen, dass sie tot sei.

Ja, das tat er wirklich. Sie haben richtig gelesen.

Und jetzt der Knaller: Die Tochter hob ab! Das Gespräch (natürlich nicht haargenau) schilderte mir der Vater wie folgt:

Der Vater sagte: »Stell dir vor, Sabine[1], die Sabine ist vom Dach gesprungen und liegt jetzt tot vor unserer Tür.«

»Wie bitte?«

»Die Sabine ist vom Dach gesprungen …«

»Papa, was stimmt mit dir nicht? Ich bin doch hier.«

»Was?«

»Du erzählst dummes Zeug.«

»Du lebst?«

»Ja, warum nicht?«

»Geht es dir gut?«

»Mir geht es hervorragend, aber dir scheinbar nicht. Was ist denn los?«

Der Vater schilderte seiner Tochter, dass sie eigentlich tot auf dem Steinboden vor seinem Wohnhaus liegen sollte und er ihr nur mal schnell Bescheid sagen wollte, dass sie tot und ihre Mutter deswegen völlig durch den Wind war. Was natürlich nicht stimmte, denn die Tochter war ja am anderen Ende der Leitung und sprach putzmunter mit ihrem Vater.

Jetzt fragen Sie sich bestimmt, wie das alles sein konnte. Da kommt die Kraft der Suggestion ins Spiel.

Kurz nachdem die Tote vom Dach des Hochhauses gesprungen war, kam der Vater aus dem Haus. Wohin er wollte, weiß ich nicht mehr. Jedenfalls trat er vor die Tür und sah eine Frau auf dem Boden liegen. Die Frau auf dem Gehweg hatte rote Haare und war ungefähr im gleichen Alter wie seine Tochter. Das war es dann auch schon mit den Gemeinsamkeiten. Die roten Haare der Frau waren genug, um dem Vater zu suggerieren, dass dort auf dem Boden seine eigene Tochter lag. Tot. Vom Dach gesprungen.

Warum?

---

1 Name geändert

Es gab keinen Grund dafür!

Alles war gut!

Das darf nicht sein!

Das alles überforderte den Vater derart, dass er in der Annahme, seine Tochter lag tot vor seinem Wohnhaus, seine Frau dazurief und ihr dasselbe suggerierte. Beide waren der festen Überzeugung, dass ihre Tochter vor ihnen lag. Der Vater sagte später zu mir, dass er sich noch gewundert hatte, dass Sabine braune Augen hatte, als er sie ihr schloss. Er hatte sich also über die unbekannte Frau mit den roten Haaren gebeugt, ihr die Augen mit der falschen Farbe (seine »echte« Tochter hatte blaue Augen) geschlossen und war immer noch davon überzeugt, es handele sich um seine Tochter.

Ich kann nur vermuten, dass sein Gehirn sehr wohl wusste, dass da unten nicht die eigene Tochter lag, sondern eine Wildfremde, aber die Wahrheit irgendwie nicht in sein Bewusstsein vordringen konnte. Deshalb nötigte ihn sein Gehirn zu dem Anruf bei seiner Tochter. Warum und wie auch immer. Das alles war so bizarr, unheimlich und surreal, dass ich es bis heute nicht wirklich begreifen kann und wohl auch nie begreifen werde, was in diesem Moment mit dem Mann passierte.

Letztendlich war dann alles wieder gut. Nur halt für die Tote nicht, die blieb tot. Aber sie hat es ja offensichtlich so gewollt, also demzufolge hatte auch sie ihren Willen. Wie sich später herausstellte, war die tote Frau aus Oberursel und hatte dort vermutlich kein hoch genug gebautes Haus gefunden, um sich davon herunterzustürzen. Sie war schwerst drogenabhängig und wohl nicht mehr in der Lage, das Leben zu ertragen.

Wir waren noch an der Einsatzstelle, als die wahre Tochter kam. Was soll ich sagen? Sie sah komplett anders aus als die

Frau, die vom Haus gesprungen war. Ihre Haare waren hellrot, die der Leiche dunkelrot. Ihre Augen blau, die anderen braun. Sie war, mit Verlaub, wesentlich kräftiger als die Frau am Boden, aber sie war auch deutlich gepflegter. Wie wir es drehen und wenden, die einzige annähernde Gemeinsamkeit war die Haarfarbe.

Das menschliche Gehirn ist ein unglaubliches Organ, das laut dem Biochemiker Thomas Südhof erst zu etwa fünf Prozent erforscht ist. Und der Mann muss es wissen, er hat einen Nobelpreis. Es macht Dinge, die können wir nicht erklären.

In diesem Einsatz gab es ein Happy End. Aber das ist nicht immer so. Wie schnell ein alltäglicher Einsatz kippen kann, sodass man ihn nie wieder vergisst, zeigt das nächste Beispiel.

Hinweis:
Wenn sie vorhaben, sich das Leben zu nehmen, rate ich Ihnen davon ab. Es gibt immer einen Ausweg. Liebeskummer, Geldsorgen, verlorene Jobs oder andere banale Dinge rechtfertigen keinen Selbstmord. Man kann das alles regeln. Wenn Sie unter Depressionen leiden, nehmen Sie bitte professionelle Hilfe in Anspruch. Wir bekommen das alles wieder hin. Selbstmord ist keine Lösung und verursacht nur neues Leid bei ihren Angehörigen. Das wollen Sie doch nicht, oder?

Wenn Sie oder jemand den Sie kennen Suizidgedanken haben, wenden Sie sich bitte an eine Hilfsorganisation. Weitere Informationen finden Sie auf suizidprophylaxe.de oder franshilft.de. Das Leben ist schön!!

Keine Chance

Es war ein Routineeinsatz. Nichts Besonderes. Dem Mann war komisch. Er fühlte sich schwach, hatte Brustschmerzen und bekam keine Luft. Klassische Anzeichen für einen Herzinfarkt. Alles so weit im Griff. Solange wir da waren, war der Herzinfarkt kein Problem, denn wir haben dafür gute Medikamente und dem Mann ging es ja jetzt auch nicht so schlecht. Er lag im Bett und redete ganz normal mit uns, alles prima. Die Wohnung war voller Menschen, da man an diesem Tag den Bruder des Patienten beerdigt hatte, der vor Kurzem verstorben war. Die vielen Menschen in der Wohnung waren die Verwandtschaft von außerhalb, die bei unserem Patienten übernachteten.

Der Patient klagte nicht groß, ihm ginge es halt nicht so gut. Nichts Schlimmes.

Denkste.

Es war nur alles gut, bis wir ihn bewegten. Er hatte nämlich die ganze Zeit flach gelegen. Dadurch war sein Kreislauf relativ entlastet. Die Flüssigkeiten waren gleichmäßig verteilt, das Pumpensystem kam klar. Wenn auch nur noch gerade so, aber es kam klar. Sobald wir aber Bewegung in die Sache brachten, kam es auch zu einer Verschiebung der Flüssigkeitsverhältnisse in seinem Körper und somit zur maximalen Katastrophe. Das geschwächte Herz des Mannes konnte das Blut nicht mehr verteilen, es fehlte plötzlich an allen Ecken und Enden und an anderen Stellen war es zu viel. Es kam, was kommen musste: Das System brach zusammen.

Der Mann kollabierte direkt vor unseren Augen. Der Anblick des sterbenden Mannes brannte sich in mein Gedächtnis ein. Das Gesicht, das der Patient kurz vor seinem Zusammenbruch machte, vergesse ich nie. Alle Kraft entwich aus ihm. Er war tot und blieb es.

Wir hatten nicht den Hauch einer Chance. Trotz der bestmöglichen Sofortversorgung eines kompletten Rettungsteams inklusive Notarzt war der Mann nicht mehr zurückzuholen. Wir taten alles, schafften es aber nicht. Der Mann war vor unseren Augen gestorben und wir konnten nicht das Geringste dagegen tun. Das war maximal frustrierend.

Das alles war schon ziemlich schwer zu verdauen. Die eigene Sterblichkeit kommt in solchen Fällen immer wieder hoch und wer noch kein Testament hat, nimmt sich vor, das bei nächster Gelegenheit zu erledigen. Es geht so schnell am Ende, dass es einem ganz anders wird. Aber wie wir im Rettungsdienst so gerne sage: »Der Teufel scheißt immer auf den größten Haufen«, bewahrheitete sich auch diesmal.

Wenige Tage später wurden wir zu einer älteren Dame gerufen, die ebenfalls über die typischen Herzinfarktsymptome [1]klagte. Sie war eigentlich recht fit und entspannt. Ich erinnere mich noch an die angenehme Stimmung in der Wohnung. Außerdem erinnere ich mich, dass jemand auf der Straße tobte, warum wir so dermaßen blöd da parken würden. Er müsse da durch.

Zum Thema »Parken«: Immer wieder werden wir im Rettungsdienst angepöbelt, dass wir so blöd parken und warum

---

1 Leit-Symptome Herzinfarkt: Schmerzen in der Brust, ausstrahlend in den linken Arm, in den Hals und eventuell in den Rücken und Bauch. Atemnot, Kaltschweißigkeit, Todesangst, Beklemmungen. Sollten Sie das mal haben, wählen Sie die 112.

wir uns nicht woanders hinstellen können. Zum Ersten: Wir parken nicht, wir stellen unser Fahrzeug ab, wo es geht. Wir sind im Notfalleinsatz, das heißt, es muss schnell gehen. Eine Parkplatzsuche geht nicht schnell, schon gar nicht in der Innenstadt. Zeit ist einer der wichtigsten Faktoren in unserem Geschäft. Wir stellen unser Fahrzeug dort ab, wo wir am meisten Zeit sparen. In der Regel direkt vor der Einsatzstelle. Falls möglich, stellen wir das Fahrzeug so ab, dass es niemanden behindert.

Es ist unfassbar, wie viele Menschen uns deswegen anschreien. Ich kann es nicht verstehen, wenn jemand dermaßen ignorant, asozial oder einfach zu dumm ist, nicht zu verstehen, was ein in Tagesleuchtfarben lackiertes Auto mit der Aufschrift »Rettungsdienst« und blau blinkenden Lichtern auf dem Dach da jetzt macht. Wir holen doch keine Brötchen vom Bäcker oder ziehen uns Kaugummis am Automaten. Wir helfen dort jemanden in einer NOTLAGE, der unter Umständen in akuter Lebensgefahr ist.

Jetzt stellen Sie sich mal vor, Sie haben einen persönlichen Notfall. Sie haben Schmerzen, denken vielleicht, es geht zu Ende mit Ihnen, und Sie haben die 112 als letzte Option gewählt und versprechen sich schnelle Hilfe, am besten schon gestern. Kein Problem, wir kommen schnell. Aber oh weh, vor Ihrer Tür ist kein freier Parkplatz, der groß genug ist, um dort einen RTW abzustellen, ohne den Verkehr zu behindern. Was machen wir denn jetzt? Verflixt … naja, dann fahren wir halt so lange um den Block, bis wir einen freien Platz finden. Und wenn nicht, dann schauen wir uns doch mal im Nachbarblock um … Oh, da vorne ist ein Parkhaus, warum fahren wir nicht dorthinein und schleppen unsere Ausrüstung, die Trage und alles andere, was wir noch gebrauchen könnten, von dort zur Einsatzstelle? Wenn wir was vergessen haben, ist das kein Problem, dann laufen wir halt den ganzen Weg zum Parkhaus zurück und holen es. Der Herzinfarkt kann warten, der arme Mensch, dem wir jetzt im Weg stehen und eh schon spät dran ist, geht natürlich vor. Warum sollte er denn fünf Minuten seiner wertvollen Zeit nutzen und warten, bis wir wieder weg sind oder am Ende sogar rückwärts aus der Gasse fahren und sich einen anderen Weg suchen. Nein, das geht nun wirklich nicht.

Merken Sie selbst, nicht wahr …?

Wir machen das nicht, um andere Verkehrsteilnehmer zu behindern, wir machen das, weil es notwendig ist! Und Sie werden es nicht glauben … wir beeilen uns. Immer. Denn wir wollen den Patienten schnellstmöglich in eine Klinik bringen oder ihm sonst wie helfen. Wir haben kein Interesse an einer Verkehrsblockade, das ist einfach der Umgebung geschuldet. Wenn wir eine Lücke finden, dann nehmen wir die. Falls keine da ist, dann bleiben wir dort stehen, wo es am günstigsten für UNS und den PATIENTEN ist. Und da können sich alle rücksichtslosen Egoisten dieser Welt auf den Kopf stellen und mit den Füßen klappern. Ende der Durchsage, weiter im Text …

Also die Beschwerde des eiligen Egoisten haben wir galant ignoriert und uns weiter um das Wohl der Frau gekümmert. Sie hatte keine besonders schweren Symptome. Sie war sehr gut orientiert, sprach völlig locker und normal mit uns, klagte aber über allgemeines Unwohlsein und Beklemmungen im Brustbereich. Wir überprüften ihre Vitalparameter und boten ihr an, sie ins Krankenhaus zu bringen, um auszuschließen, dass sie vielleicht doch einen Herzinfarkt hatte.

Routine!

Der wütende Mann auf der Straße wurde weiterhin ignoriert und wir transportierten die Dame in ein Krankenhaus.

Auch im Krankenhaus war alles normal, wir sprachen mit ihr, flachsten sogar ein wenig, alles gut.

Der Notarzt machte eine Übergabe an den aufnehmenden Arzt, die PflegerInnen holten ein Bett und wir lagerten die Frau von unserer Trage ins Bett … und dann passierte es.

Aus dem Nichts, einfach so.

Die Frau hatte den gleichen Gesichtsausdruck wie der Patient in der vorherigen Episode. Maximale Entspannung. Ich war der Einzige, der die Situation erkannte, weil ich das wenige Tage zuvor genauso gesehen hatte, und wir wissen, wie das ausging. Sofort rief ich in die Runde, dass wir reanimieren müssen. Alle schauten mich verwundert an. Ich deutete auf die leblose Frau im Krankenhausbett und sofort begannen wir mit der Wiederbelebung. Sie können sich denken, mit welchem Ergebnis.

Selbst jetzt, im Krankenhaus, direkt in der Notaufnahme hatte die Frau keine Chance. Sie war tot. Wieder einmal aus dem Nichts.

In solchen Fällen fängt man an, an das Übernatürliche zu glauben. Ich denke, es gibt irgendwo eine Liste, auf der alle Lebewesen stehen. Dort ist der Zeitpunkt der Geburt und der Zeitpunkt des Todes auf die Sekunde vermerkt. Und diese Liste wird gnadenlos abgearbeitet. Wir hatten keine Chance. Selbst bei allerbester medizinischer Versorgung. Wenn du dran bist, bist du dran. Auch wenn es schwer ist, das zu akzeptieren. Der Tod gehört zum Leben.

Nun, das war schon schlimm genug. Wie ich bereits erwähnte: Was ich überhaupt nicht mag, sind Todesnachrichten für Angehörige. Auch wenn ich sie selten selbst überbringen musste, war ich doch oft genug dabei, wie ein Arzt oder eine Ärztin den Angehörigen mitteilen musste, dass das Familienmitglied nicht mehr wiederkommt. Schrecklich.

Ich habe über die Jahre mehr und mehr zugesehen, dass ich mich diesen Situationen entziehe. Auch hier hatte ich das vor. Mein Notarzt sagte, dass er es dem Ehemann, der auf dem Flur wartete, mitteilen würde. Gut, dachte ich. Dann warte ich hier noch einen Moment und komme dann nach. Mach du nur.

Ich ließ mir Zeit, räumte mit auf und dachte mir nach einer ganzen Weile, dass er es jetzt geschafft haben sollte, dem Mann zu sagen, dass seine Frau tot sei. Der Arzt und der Ehemann standen direkt vor der Tür. Ich öffnete sie und der Ehemann fragte genau in diesem Moment den Arzt: »Wie geht es ihr denn jetzt?« Woraufhin der Arzt sagte: »Sie hat es nicht geschafft.«

Der Blick des Mannes war die nächste Kerbe in meiner Sammlung der Brandzeichen. Was zum Teufel hatte der Arzt dem Mann so lange erzählt? Es waren bestimmt fünf Minuten vergangen, bis ich den Raum verlassen hatte. Und dann renne ich mitten in die Situation hinein, die ich unbedingt verhindern wollte.

Scheiße!

Das ganze Haus

Mit der Zeit werden die Menschen, die wir behandeln, zu namenlosen Patienten. Oft weiß ich nicht mehr, wo ich war und was ich dort gemacht habe, wenn ich nur eine halbe Stunde später wieder auf der Wache bin und den Bericht schreiben muss. Wie oft habe ich vor dem Protokoll gesessen und habe überlegt, was ich da genau gemacht habe. Es interessiert einen irgendwann auch nicht mehr wirklich, man funktioniert einfach. Hauptsächlich, wenn man nachts um drei Uhr den x-ten Einsatz runterspult. Kurz gesagt, es ist viel Routine. Man fährt hin, macht sein Ding und fährt wieder weg. Ach ja, … und es ist uns erstmal scheißegal, ob sie aufgeräumt haben. Sie müssen nicht vorher Dinge wegräumen, staubsaugen oder neu tapezieren. Mit der Zeit fokussiert man den Blick auf den Patienten und die Lösung des Problems. Natürlich merken wir, wenn es ganz schlimm ist oder besonders edel. Die Ausnahmen halt. Aber im Prinzip ist für uns jede Wohnung erstmal gleich. Wir sehen enge Treppen, doofe Ecken und Hinternisse beim Transport des Patienten. Aber nicht, ob sie aufgeräumt haben oder eben nicht. Ist mir persönlich auch scheißegal. Bei uns ist auch nicht immer aufgeräumt.

Ich weiß ja nicht, welchen Job Sie haben, aber denken Sie doch mal nach, wie viele Sachen Sie völlig automatisiert in Ihrem Beruf tun, ohne darüber nachzudenken. Bei uns ist das nicht anders. Ein Herzinfarkt zum Beispiel ist für den Betroffenen ein echtes Problem. Für uns einfach nur ein weiterer

Herzinfarkt. Wir haben dafür ein eigenes Ablaufprogramm, auch Algorithmus genannt. Das erschreckt uns nicht. Auch wenn es wirklich potenziell lebensgefährlich ist. Aber es ist und bleibt für uns Routine. Und wenn wir zum Auto zurückkehren, aufräumen und putzen für den nächsten Einsatz, ist der schon wieder vergessen.

So ist das nun mal. Ist nichts Persönliches.

Aber manchmal kippen die Dinge.

Wir wurden zu einem Kellerbrand gerufen. Ich saß, wie so oft, auf dem RTW und wir wurden als Rettungseinheit zur Bereitstellung mitalarmiert. Das bedeutet, dass wir erst mal keinen Patienten hatten, aber zur Sicherheit mitfuhren, falls jemand Hilfe braucht.

Die Einsatzstelle war ein Einfamilienhaus in einer Ringstraße. Wir waren mit unserem kleineren und wendigeren Auto zuerst an der Einsatzstelle. Dort stand schon eine Frau, die aufgeregt winkte. Wir blieben am Anfang der Straße stehen, damit wir für nachrückende Feuerwehrfahrzeuge nicht im Weg standen. Ich stieg aus, um zu schauen, was los war.

»Aber wir brauchen doch die Feuerwehr«, schleuderte mir die Frau entgegen, als sie nur unseren Rettungswagen sah. Ich verzichtete auf die Diskussion, dass ich auch von der Feuerwehr war, und sagte: »Kommt gleich, ich guck schon mal.«

Ich lief zum Haus und ging hinein. Ohne Atemschutz und in Rettungsdienstklamotten, denn es war alles sicher. Vor der Tür sagte man mir, dass es im Keller brennen würde, also schaute ich die Treppe hinunter. Und tatsächlich, da brannte es. Und zwar ordentlich. Aber viel Rauch war nicht zu sehen. Alles gut, das haben wir schnell im Griff, dachte ich und machte Meldung über Funk, dass es hier tatsächlich im Keller brenne und dass man sich bereit machen könne.

Als ich aus dem Haus kam, stand auch schon das erste Feuerwehrfahrzeug vor der Tür und der Löschangriff wurde aufgebaut. Alles ganz entspannt.

Dann sagte die aufgeregte Frau, dass ihre Eltern noch im ersten Stock seien. Immer noch kein Problem. Dann holen wir erst die raus und ein zweiter Trupp kümmert sich ums Feuer.

Bisher keine Verletzten, kleines Feuerchen im Keller, zwei Trupps im Einsatz, einer holt die Leute raus und der zweite bereitet den Löschangriff vor.

Die Polizei traf ein. Auch normal. Die kommen bei Feuer immer dazu. Aber die stellen sich so gut wie immer mitten in die Einsatzstelle, so auch diesmal. Ob die zu faul zum Laufen sind, nicht darüber nachdenken oder einfach nicht kapieren wollen, dass wir von der Feuerwehr den ganzen Platz brauchen, weil wir nicht kopflos, sondern immer taktisch vorgehen und uns ausbreiten müssen, um den bestmöglichen Erfolg zu erzielen, weiß ich nicht. Vermutlich bekommen die das nie gesagt. Hier an alle PolizistInnen, die das lesen. Bitte parkt euer Auto da, wo ihr denkt, dass es nicht im Weg steht, und dann noch mal fünfzig Meter weiter hinten. Wir kommen immer im Rudel und immer mit sehr vielen und sehr großen Autos. Und oft kommen noch welche nach. Und dann schmeißen wir alles aus den sehr großen Autos auf die Straße.

Wir brauchen jeden Platz!

Wie dem auch sei …

Jedenfalls war alles gut und entspannt. Bis jetzt!

Mein Partner und ich beobachteten das Treiben und warteten darauf, ob uns jemand für die Patientenversorgung benötigte. Und dann, von einer Sekunde auf die andere, brach die Hölle los.

Ich schaute zur Haustür, die war jetzt geschlossen. Durch

die Glasscheibe schimmerte es rot. Ich schaute genauer hin und dachte mir: »Warum ist die Scheißtür zu? Wir müssen doch da rein, um zu löschen.«

Dann sah ich den Grund.

Das gesamte Erdgeschoss brannte. Komplett. Von jetzt auf gleich. Es war wie eine Explosion. Nur ohne Knall.

Jetzt brach Hektik aus. Zwei unserer Jungs waren in dem Haus. Ihr Rückzugsweg war abgeschlossen, da das Erdgeschoss brannte. Also mussten sie über eine Leiter aussteigen. Der Löschangriff wurde abgebrochen. Jetzt ging es um die Wurst. Wir holten eine Leiter vom Auto. Unsere Jungs standen bereits oben am Fenster und signalisierten, dass es jetzt pressierte.

Alle Versuche, die Leiter an das betreffende Fenster zu bringen, scheiterten an dem dämlichen Vordach, das im Weg war. Schnell gab man die Versuche auf und beorderte die Drehleiter nach vorne.

Jetzt kommt wieder der Hinweis auf die Parkgewohnheiten der Polizei.

Die Drehleiter kam nicht durch, weil ein Polizeiwagen im Weg stand. Das verzögerte die Sache ungemein. Doch das Auto konnte entfernt werden. Der Ehrlichkeit halber gebe ich zu, dass auch noch ein völlig unnützes Fahrzeug der mittlerweile eingetroffenen Freiwilligen Feuerwehr ebenfalls dermaßen bescheuert abgestellt wurde, dass wir kurz davor waren, es zu Schrott zu schieben, damit die Leiter dorthin kam, wo unsere Jungs aus der brennenden Bude geholt werden mussten. Seien Sie gewiss, dass der Fahrer des dämlich abgestellten Fahrzeugs im Anschluss sein Fett wegbekommen hat. Der machte das nie wieder.

Irgendwann gelang es uns dann, sowohl das ältere Ehepaar als auch unseren Trupp aus dem Haus zu holen. Sekunden später zupfte es an meinem Arm und eine junge Polizistin schaute mich mit großen Augen an und sagte: »Die Frau da drüben sagt, da wäre noch ein Kind drin.«

»Was?!«

»Ja, im ersten Stock.«

Ich packte den Einsatzleiter am Kragen und schrie ihn an: »Da ist noch ein Kind drin!«

Der Einsatzleiter wurde bleich, fing sich schnell und schickte sofort einen Suchtrupp los.

Später stellte sich heraus, dass das Kind 32 Jahre alt und der Sohn der Hausbesitzerin gewesen war. Na ja, irgendwie doch noch ein Kind. Zumindest für die Mutter. Aber der Junge schaffte es aus eigener Kraft über den Balkon nach draußen und war wohlauf.

Mittlerweile wimmelte es vor Einsatzkräften in der gesamten Straße. Die Lage beruhigte sich ein wenig. Das Feuer war mittlerweile unter Kontrolle und das Haus leer. Bis auf unsere Leute natürlich, aber die sollten ja drin sein und löschen.

Wie gesagt, es handelte sich um eine Ringstraße. Auf der Rückseite des Hauses hatte sich die Freiwillige Feuerwehr ausgebreitet, was wir nicht wirklich mitbekommen hatten. Okay, wir waren ein wenig beschäftigt, da kann schon mal was untergehen. Der Einsatzleiter kam um das Haus gelaufen und sah uns beide vom Rettungsdienst. Er deutete auf uns und sagte, dass auf der Rückseite unsere Hilfe benötigt wurde.

Kein Thema. Wir machten uns auf den Weg.

Wir liefen ums Haus und sahen von Weitem eine Frau, die in eine graue Decke gewickelt war. Um sie herum standen vier oder fünf Feuerwehrmänner und kümmerten sich um sie. Wir gingen hin und übernahmen die Patientin. Sie hatte ein schwarzes Gesicht, was darauf hindeutete, dass sie viel Rauch eingeatmet und dadurch vermutlich eine Rauchvergiftung[1] hatte. Sie schien schwach zu sein. Die Aufregung war zu viel für sie. Also wollten wir sie gemeinsam mit den Jungs von der Freiwilligen Feuerwehr zu unserem Auto tragen, denn eine Marinetrage[2] stand bereits neben uns. Aber leider kein einziger Feuerwehrmann mehr. Wie verdunstet. Wir waren plötzlich alleine mit der Frau. Es ist mir bis heute ein Rätsel, wo die alle abgeblieben waren.

Was willste machen?

Also legten wir die Frau auf die klapprige Trage und schleppten sie gut und gerne 300 Meter bis zu unserem Auto. Mein lieber Mann, das war hart. Zu zweit hat der Spaß ein Loch bei derartigen Aktionen. Das Doofe ist, dass diese Tragen ziemlich flexibel sind. Sie hängen durch und die Griffe lassen sich in den Seitenverstrebungen versenken und sind so gut wie nie richtig zum Greifen draußen oder schieben sich wieder zurück. Die Trage ist in sich instabil und wackelt wie der Arm einer asiatischen Glückskatze. Diese Dinger hat ein Sadist erfunden. Was hab ich mir daran schon weggetan. Nach einer Großübung in meiner Azubi-Zeit war ich mal drei Wochen krankgeschrieben, weil ich mir den Rücken zerrissen habe an so einem *piep*teil. Egal, was sollten wir machen? Die Arme wurden immer länger und brannten wie Feuer. Aber wir konnten sie ja wohl kaum fallen lassen. Also Zähne zusammenbeißen und ab dafür.

---

1 Ja, ich weiß, liebes Fachpublikum, es heißt Rauchgasintoxikation. Aber das Buch ist nicht nur für Fachleute, sondern auch für Menschen, die mit den Fachbegriffen nicht so vertraut sind. Um es verständlicher zu halten, benutze ich ab und zu auch mal Wörter, die aus dem »Volksmund« stammen.

2 Eine Klapptrage, speziell für die Rettung von Menschen auch aus Höhen und Tiefen, wie sie auch die Bundeswehr und das THW benutzen.

Endlich hatten wir sie auf unserer Trage. Sie stöhnte. Ihr ging es echt nicht gut. Ich dachte mir, dass es vielleicht besser wäre, wenn mal ein Arzt nach ihr schaute. Ich hatte vorhin mitbekommen, dass einer vor Ort war. Also funkte ich nach ihm, bekam keine Antwort, dafür aber irgendwoher die Information, dass er mit einem anderen Patienten beschäftigt sei.

Dann halt ohne Arzt.

Was sollte schon sein? Ist wie mit den Kondomen. Ohne ist es riskanter, macht aber mehr Spaß.

Wir waren nicht allzu weit von einem Krankenhaus entfernt. Einladen und losfahren.

Gesagt, getan.

Im Auto fiel ein wenig die Anspannung von mir ab. Was für eine Scheiße, dachte ich mir und konnte die Ereignisse noch gar nicht richtig verarbeiten. Ich verschnaufte kurz, nach der elenden Schlepperei. Dann sagte die Frau: »Meine Hände.«

Sie war immer noch in die graue Feuerwehrdecke eingewickelt. Ich schlug mir an die Stirn und schalt mich einen Idioten. Ich hatte die Frau ja noch gar nicht richtig untersucht. Ich hatte mich so sehr auf die logische Erstdiagnose der Rauchvergiftung eingeschossen, dass ich den Rest ausblendete. Ich hatte Ihr eine Sauerstoffmaske aufgesetzt und mich auf das Lecken meiner Wunden durch die elende Marinetrage konzentriert. Ich stand auf und ging zu ihr.

»Meine Hände!«, jammerte sie.

Ich nahm die Decke weg und sah auf ihre Hände.

Sie waren schwarz. Die Haut hing in Fetzen herunter. Fast komplett zweit- und dritt-gradige Verbrennungen.

Ich unterdrückte einen fetten Fluch und zwang mich zur Ruhe. Nichts, was wir nicht in den Griff bekommen.

»Meine Füße!«, jammerte sie jetzt.

Das gleiche Spiel an den Füßen. Auch dort schwerste Verbrennungen. Jetzt wurde es langsam blöd.

»Mein Arsch«, setzte sie an.

Ich glaube, Sie wissen, was dann kam.

Die Frau hatte schwerste Verbrennungen am ganzen Körper. Ich steckte meinen Kopf durch das Kommunikationsloch zum Fahrer und sagte zu ihm, dass wir jetzt nicht mehr in ein normales Krankenhaus fahren können, sondern ein Verbrennungsbett brauchten. Das nächste ist in Offenbach, er solle schon mal den Kurs wechseln und ich redete mit der Leitstelle, um uns dort anzumelden.

Das tat ich dann auch. Ich funkte mit unserer Leitstelle und die sagten dann in Offenbach Bescheid, dass wir gleich da seien.

Als wir über den Main fuhren, funkte ich zur Sicherheit noch mal mit der Leitstelle Offenbach. Ja, ja … alles klar, wir waren angemeldet.

Dann bogen wir in die Rettungsdiensteinfahrt in Offenbach ein.

Dachten wir zumindest. Denn die war nicht mehr da.

Wir waren beide schon länger nicht mehr in Offenbach gewesen und man hatte die Einfahrt verlegt. Das war irgendwie an mir vorbeigegangen. Und an meinem Kollegen ebenfalls. Wir umkreisten das Krankenhaus, auf der Trage eine vor Schmerzen stöhnende Schwerstverbrannte und hatten keine Ahnung, wo wir hinmussten.

Ich schaute hinten aus den Fenstern, die nicht mehr als Gucklöcher sind, und suchte verzweifelt nach der Rettungsdiensteinfahrt. Kein Schild wies darauf hin. Es war stockdunkle Nacht, 2:30 Uhr am Morgen, kein Schwein auf der Straße.

Da, ein Taxi. Ich schrie meinen Kollegen an, er solle bremsen. Ich stürmte hinaus, fiel dem armen Mann fast in die Scheibe und rief: »Wo geht's denn da rein?!«

Der Mann war zuerst erschrocken, erkannte dann aber in mir einen Rettungssanitäter in Not und deutete auf die Einfahrt direkt gegenüber. Ich bedankte mich hastig und wir fuhren in die Notaufnahme. Endlich würden wir der Frau helfen können.

Pustekuchen.

Die Notaufnahme war verwaist.

Es fehlten tatsächlich nur die Wanderbüsche aus alten Western. Ein komplett leerer Gang lag vor uns. Ich rief ein lautes »Hallo!« hinein. Ein Echo hörte ich nicht, hätte mich aber nicht gewundert.

Irgendwo kam ein Kopf aus einem Zimmer. Der Kopf gehörte einem Pfleger, der auf einem Bürostuhl saß.

»Was ist?«

»Was soll sein?«, rief ich aufgeregt. »Wir sind angemeldet. Wir haben eine Patientin mit 20-prozentiger Verbrennung. Wisst ihr das nicht?«

»Nö.«

Ich wollte eine Diskussion über Arbeitsmoral und die zentrale Frage, im richtigen Job zu sein, umgehen und ließ es mir gefallen. Als der Pfleger sich immer noch nicht bewegte, fragte ich mit Nachdruck: »Können wir wenigstens den Schlüssel für den Aufzug haben, wir müssen in die Verbrennungsklinik.«

Jetzt passierte endlich etwas. Der Pfleger holte den Schlüssel und ging mit uns zum Aufzug. Auf dem Weg dorthin sah er unsere Patientin. Sein Kommentar: »Das sind doch keine 20 Prozent, das sind doch mindestens 40.«

»Macht's nicht besser«, antwortete ich ungehalten.

»Aber warum kommt ihr dann einfach hierher?«

»Weil ihr nun mal die einzige Verbrennungsklinik weit und breit seid.«

»Aber ihr müsst euch anmelden.«

»Das haben wir.«

»Davon weiß ich nichts.«

Um eine weitere Eskalation zu vermeiden, schwieg ich. Was mir sehr schwerfiel, denn es brodelte gewaltig in mir.

Wir fuhren mit der Patientin in den zweiten Stock, wo die Verbrennungsklinik untergebracht war. Jetzt würde endlich alles gut werden.

Wir stiegen aus dem Aufzug und vor uns tat sich die nächste Wüste auf. Nur, dass diesmal im Gang noch nicht mal Licht brannte.

Wieder rief ich ein »Hallo!?« in die Leere. Diesmal allerdings lauter und vor allen Dingen aggressiver. Ich musste mehrmals rufen, bis eine Reaktion kam. Irgendwo am Ende des Flures blitzten Lichter auf. Aus dem Halbdunkel trat eine verpennte, untersetzte Schwester auf die Szene und fragte, was wir wollten.

»Wir bringen die Verbrannte«, sagte ich. Sehr bemüht, nicht auszurasten. Der Patientin ging es zusehends schlechter. Sie stöhnte und hielt ihre zerfetzten Hände nach oben.

»Welche Verbrannte?«

Ich deutete vielsagend auf die Frau auf meiner Trage.

»Wir sind angemeldet. 20 Prozent zweit- und drittgradig.«

»Und warum kommt ihr dann einfach hierher?«

Jetzt war das Fass übergelaufen. Ich wurde laut, unhöflich und fordernd. Ich möchte nicht ins Detail gehen. Dann kam ein verschlafener Mann auf die Bühne. Er stellte sich als der diensthabende Arzt vor und fragte, was hier los sei.

Super, dachte ich. Jetzt geht's vorwärts.

Ich schilderte die Problematik.

Die Antwort … Sie werden es nicht glauben: »Und warum kommt ihr dann einfach hierher?«

Diesmal war ein Echo zu hören, als ich antwortete. Ich war dermaßen voll mit Adrenalin, alles hatte sich aufgestaut seit dem Moment, wo die verdammte Haustür zugeflogen war. Das bekam der Arzt jetzt ab. Bei allem Verständnis für lange Nachtdienste und sogar noch längere Schichten. Auch ich bin ein Freund von Richtlinien und Verfahrensweisen, wenn sie Sinn machen. Auch wenn dieses ständige »warum kommt ihr einfach hierher« nichts anderes hieß als »Warum seid ihr nicht angemeldet«. Ganz ehrlich. Ob angemeldet oder nicht, ist so was von dermaßen scheißegal. Wenn einem Menschen mit derartigen Verbrennungen nicht schnellstmöglich geholfen wird, weil ein Telefon nicht geklingelt hat und die bocklosen Angestellten darauf herumreiten, dann sollte wenigstens jetzt der Schalter umgelegt und mit der Behandlung begonnen werden. Sie kommen doch eh nicht aus der Nummer raus. Sie müssen die Patientin behandeln, selbst wenn sie kein freies Bett haben. Erstversorgung ist Pflicht. Danach sehen wir weiter. Der Patient steht im Vordergrund, nicht das persönliche Befinden eines einzelnen überforderten Krankenhausmitarbeiters. Ich hasse dieses ewige Gejammer. Es ist, wie es ist. Fertig! Die Situation ist überall scheiße, weil die Politik versagt. Daran können wir lästigen Kostenfaktoren auch nichts ändern. Ansonsten: Such dir einen anderen Job!

Wenn ich mit einer schwerstverbrannten Patientin in die einzige Verbrennungsklinik im Umkreis von mehreren Landkreisen und kreisfreien Städten fahre, dulde ich ein derartiges Verhalten nicht. Aufnahme, Erstbehandlung, dann eventuell Weiterverlegung. Aber nicht diese dämliche Frage, warum man einfach so dahin fährt.

Dies war eine der schlimmsten Nächte meines Berufslebens. Ich war dermaßen vollgepumpt mit Adrenalin, Gedanken darüber, wie das alles passieren konnte, Wut über mich selbst und alle, die nicht funktioniert haben, und die leider weitverbreitete Arroganz mancher Weißkittel, dass es kaum ertragbar war. An dieser Stelle ist es angebracht zu fordern, dass alle, die in einer Notaufnahme arbeiten oder eventuell mal mit einem medizinischen Notfall beruflich konfrontiert werden, mindestens 4 Wochen auf einem Rettungswagen mitfahren müssen. Oder doch besser 8 Wochen. Auf der Straße im Rettungsdienst zu arbeiten, hat so viel mit der Notaufnahme im Krankenhaus zu tun wie eine Schlange mit einer Eidechse. Irgendwie dasselbe, aber dann doch komplett was anderes. Man kann es nicht wirklich vergleichen. Zur Ausbildung im Rettungsdienst gehören immer mehrwöchige Praktika in den verschiedenen Stationen der Krankenhäuser, bis hin zur Geburtsstation, warum nicht umgekehrt? Das würde so vieles verbessern. Das Verständnis füreinander wäre ungleich höher und es würden viele Konflikte, die letztendlich auf dem Rücken der PatientInnen ausgetragen werden, vermieden. Und zur Krönung sollten alle ÄrztInnen wenigstens drei Schichten auf der Leitstelle verbringen, damit sie mal sehen, dass es wirklich kein böser Wille von uns ist, dass wir ihnen gerade jetzt diesen Patienten schicken, weil es einfach nicht anders geht und der Patient JETZT Hilfe braucht und in die nächstgelegene Klinik muss, weil er sonst vielleicht stirbt. Dieses ewige Gejammer, dass sie keine Betten haben und kein Personal und dass sie jetzt den x-ten Patienten hintereinander bekommen und warum der nicht in ein anderes Krankenhaus gefahren werden kann … Boah! Es ändert doch nichts, da kann man so viel Jammern, wie man will. Jammern hat noch nie geholfen. Kostet nur Zeit und Nerven! Am Anfang steht die Berufswahl!

Der ungeliebte (Erb?)Onkel

Dieser Einsatz war einer, der sehr lange an mir genagt hat und an den ich auch heute noch sehr oft denke. Ich war in meiner Laufbahn vermutlich nie wieder so wütend und gleichzeitig hilflos gewesen wie an diesem Abend und den darauf folgenden Tagen.

Es war Vorweihnachtszeit, die Zeit der Familienfeste und Weihnachtsfeiern. Wer es sich leisten kann, geht in ein gutes Restaurant und bestellt für die ganze Familie mehrere Gänse. Diese werden dann zubereitet, in mundgerechte Häppchen zerteilt und mit verschiedenen Beilagen, gerne auch in mehreren Gängen, serviert. So auch an diesem Abend. Die Familie war groß, sie hatte den Saal der Gaststätte für sich gebucht und war mit um die dreißig bis vierzig Verwandten, Bekannten und Freunden am Start. Alles super, es schmeckte, der Alkohol floss und dann … fiel einer der Anwesenden einfach vom Stuhl.

Kann passieren. War nicht das erste Mal und bestimmt auch nicht das letzte Mal, dass jemand beim Essen umkippt. Was aber sehr ungewöhnlich war, und das ist keineswegs normal: Von denen, die an der langen Tafel saßen, hat das einfach keinen interessiert. Die Einzige, die reagiert hat, war die Chefin des Restaurants. Die hat die 112 gerufen und wir fuhren hin. Ich weiß nicht, was sie genau gemeldet hat, aber es kann nicht so dramatisch gewesen sein, denn wir fuhren als einziges Auto dorthin.

Wir betraten den Saal und da lag ein Mann zwischen zwei

Tischen auf dem Bauch. Alle anderen Gäste genossen den dritten Gang und waren von unserem Auftauchen wenig beeindruckt. Einzig die Ehefrau des bewusstlosen Mannes saß ein wenig ängstlich auf einem Stuhl in einer Ecke, aber auch weit weg von dem Patienten. Ich trat an den Mann heran, beugte mich zu ihm hinunter und sprach ihn an. Dabei sah ich, dass unter seinem Kopf ein zertrümmertes Weinglas lag, das wohl beim Sturz vom Stuhl dorthin gefallen war. Eine kleine Blutlache hatte sich darunter gebildet. Schnell stellte ich fest, dass der Mann tiefbewusstlos war und nicht mehr atmete. Es stand also nur eine einzige Behandlungsmethode im Raum und das war die Reanimation, oder auch Herz-Lungen-Wiederbelebung genannt.

Das ist zum einen kein schöner Anblick, zum anderen verletzt es die Privatsphäre des Patienten massiv, da er dazu auch teilweise entkleidet werden muss. Und überhaupt braucht man da keine Zuschauer. Also ließ ich den Saal räumen.

Es sollte eigentlich eine Selbstverständlichkeit sein, dass man bei so einer Sache den Raum verlässt und den Rettungsdienst arbeiten lässt. Zumal es hier um Leben und Tod ging. Aber weit gefehlt. Anstatt den Raum geordnet zu verlassen, wurde geschimpft und gemeckert. Was mir einfallen würde, sie wollten hier schließlich essen. Die Gans würde erkalten. Ich wollte es nicht so recht glauben, hatte aber weder Zeit noch Lust auf eine Diskussion und wurde etwas lauter. Murrend verließ die verständnislose Familie den Raum.

Wir begannen mit der Reanimation. So gut man das halt zu zweit kann. Ich bat die Chefin des Hauses, die immer noch die Einzige mit Empathie war, die Leitstelle für mich anzurufen. Während ich den Brustkorb des Mannes drückte, hielt sie mir das Telefon ans Ohr und ich bestellte großzügig Einsatzkräfte zur Unterstützung.

Schnell war Unterstützung da. Ein HLF mit sechs Mann kam und natürlich noch der Notarzt mit seinem Rettungsassistenten. Die Reanimation lief erstaunlich gut und wir schafften es tatsächlich, den Mann ins Leben zurückzurufen.

Das ist sehr selten (etwa 5 Prozent der Reanimationen sind erfolgreich). Jetzt galt es, hurtig ins Krankenhaus zu kommen. Wir packten den Mann auf unsere Trage und fuhren ihn hinaus zu unserem Auto. Auf dem Weg dorthin stand die Familie des Patienten in Gruppen herum und ging nur widerwillig aus dem Weg. Es war wie Spießrutenlaufen. Während wir uns durch die Menge lavierten, wie Tour-de-France-Fahrer am Berg, wurden wir beschimpft, warum wir so lange gebraucht hätten und ob wir uns nicht beeilen könnten, es wäre ja schließlich kalt und das Essen jetzt sicher auch. Es war unfassbar. Ich kam mir vor wie bei *Game of Thrones* auf dem Lauf der Schande. Ich war zu beschäftigt, um zu antworten, aber dennoch schockiert. Aber der Gipfel kam erst noch.

Als wir den Patienten in unseren RTW schoben, rief einer der Angehörigen. »Was soll der Aufriss, der ist doch eh schon tot.«

Ja, genau das hat der Typ gesagt. Jung, Kippe in der Hand, blödes Grinsen im Gesicht. Ihm gehörte die Welt … siehe da, ein Arschloch!

Das alles ist im Einsatz an uns abgeprallt, wir waren damit beschäftigt, dem Mann das Leben zu retten. Über die Jahre lernt man, Störendes im Umfeld auszublenden, zumindest äußerlich. Man bekommt dennoch alles mit. Aber man reagiert nicht sofort darauf, weil es nicht zum Einsatz gehört. Später dann sank der Adrenalinpegel und wir fingen an zu reflektieren und zu rekapitulieren.

Das Verhalten der Menschen in und vor diesem Saal war das menschenverachtendste, das ich jemals erlebt hatte, habe und vermutlich erleben werde.

Als wir an der Einsatzstelle angekommen waren, war der Mann unberührt. Er hatte einfach so dagelegen, wie er vom Stuhl gefallen war. Es waren alles in allem, von dem Zeitpunkt, in dem er vom Stuhl gefallen war, bis wir ihn das erste Mal gesehen haben, vielleicht zehn Minuten vergangen. Zehn Minuten, in denen keiner der Anwesenden nach ihm geschaut hatte, keiner außer der Wirtin hielt es für nötig, die 112 zu rufen. Keinen der Anwesenden verließ der Appetit auf die leckere Gans. Keiner leistete Erste Hilfe. Niemand (außer die Wirtin) unterstützte uns. Keiner kam auf die Idee, einen Arzt nachzualarmieren. Alles, was diese Bande im Kopf hatte, war, dass ihr Essen kalt wurde, sie vor der Tür in der Kälte warten mussten und dass wir uns gefälligst beeilen sollten. Und zur Krönung warfen sie uns an den Kopf, dass die Reanimation eh keinen Sinn hätte, nach dem Motto: »Ihr Vollidioten, alles für die Katz, was ihr hier macht … Hahaha. Wie blöd muss man sein …?«

Ich weiß leider nicht, ob der Mann letztendlich überlebt und das Krankenhaus jemals wieder halbwegs gesund verlassen hat. Wir haben ihn auf jeden Fall lebend ins Krankenhaus gebracht. Das ist es, was für uns zählt.

Da das Restaurant in meinem Heimatort ist, war ich vor und nach dem Einsatz noch oft dort. Aber nie kam das Gespräch auf diesen Einsatz. Jahre später war ich in besagtem Restaurant im Pub und kam schließlich doch noch mit der Wirtin ins Gespräch über diesen Abend. Sie war ähnlich schockiert über das Verhalten der Familie wie ich. Sie konnte sich noch sehr gut daran erinnern und war erstaunt, dass ich einer der Kerle in roten Klamotten war, die um das Leben des Mannes gekämpft hatten.

Sie erzählte mir, dass sie, als wir weggefahren waren, die

Veranstaltung beendet hatte, da sie nicht in der Lage war, einfach zur Tagesordnung überzugehen und so zu tun, als wäre nichts geschehen. Sie können sich sicher vorstellen, was die Familie davon hielt. Genau … nämlich gar nichts. Doch die Wirtin setzte sich durch und schickte das gesamte Geschmeiß nach Hause. Man hatte bis dahin alles außer dem Nachtisch serviert. Aufgrund der Unverschämtheit, dass die Wirtin den kleinen unbedeutenden Vorfall als Vorwand nahm, die Veranstaltung zu beenden, weigerte man sich, die Rechnung zu bezahlen. Ich glaube an den Karmavogel und hoffe, dass er einen großen Haufen auf all die Köpfe scheißt, die sich an diesem Abend schuldig gemacht haben.

Ich habe mir lange noch Gedanken über diesen Einsatz gemacht. Habe mich immer wieder gefragt, warum der Mann noch nicht einmal angefasst wurde, bis wir da waren. Was saßen dort für Menschen? Warum hat keiner geholfen? War das die Selbsthilfegruppe der Soziopathen? War der Patient dermaßen unbeliebt, dass alle im Raum froh über sein Ableben gewesen wären? Was trieb diese Menschen zu diesen unfassbaren Reaktionen? Es bleibt viel Platz für Spekulationen, aber irgendetwas Verkommenes muss es gewesen sein.

Gut geschmiert

Gemeldet wurde eine bewusstlose Person in einer Wohnung. Ich war auf dem NEF eingeteilt. Wir trafen zeitgleich mit dem RTW an der Einsatzstelle ein. Ein etwa dreißig-jähriger Mann öffnete uns die Tür. Es handelte sich um eine Dreizimmerwohnung in einem Mehrfamilienhaus. Typisch geschnitten, langer Flur, von dem die Zimmer rechts und links abgingen. Wenig Tageslicht fiel herein und es war ziemlich dunkel. Wir fragten, was denn los sei und wie wir helfen könnten.

Der Mann sagte, dass es um seine Mutter ginge und er jetzt nicht mehr weiterwüsste. Er führte uns in ein Schlafzimmer. Auf dem Boden lag ein nackter Fleischberg. Die Frau war geschätzte 200 Kilo schwer und lag auf dem Rücken. Auf den ersten Blick erkannten wir, dass hier nichts mehr zu machen war. Die Haut war marmoriert und die Leichenstarre hatte bereits eingesetzt. Also blieb hier nur noch die Todesfeststellung[1]. Doch irgendwie war etwas komisch. Auch die KollegInnen vom restlichen Team waren ein wenig irritiert vom Umfeld.

---

1 Der Notarzt macht lediglich eine Todesfeststellung, KEINE Leichenschau und er stellt auch keinen Leichenschein aus. Die Leichenschau macht in der Regel der Hausarzt oder ein Bereitschaftsarzt. Die Todesfeststellung ist, wie der Name schon sagt, nur die offizielle Todeserklärung. Sie basiert auf den einfachsten Todesanzeichen wie Nulllinie oder eindeutigen mit dem Leben nicht zu vereinbarenden Verletzungen wie zum Beispiel ein abgetrennter Kopf. Eine Leichenschau hingegen ist mit einer eingehenden Untersuchung verbunden, die auch schon Hinweise auf einen unnatürlichen Tod und eine daraus resultierende Obduktion geben kann.

Es roch nicht nach Tod.

Es roch irgendwie … ranzig.

Auch der Fußboden war mit einer seltsamen Masse überzogen und erst jetzt stellte ich fest, dass es beim Laufen klebte und schmatzte. Der Sohn der Toten stand vor mir und ich fragte ihn, was er denn hier gemacht habe.

»Naja …«, sagte er ein wenig verlegen. »Ich habe meine Mutter vor zwei Tagen hier im Flur gefunden.« Er deutete auf die Stelle, an der er stand. »Und ich wollte sie hochheben, aber das ging nicht. Sie sehen ja …« Er deutete auf die wirklich fette Leiche.

»Und dann?«, fragte ich, jetzt wirklich gespannt.

»Ich hab's halt nicht gepackt, sie hochzuheben, da hab ich sie ausgezogen, mit Butter eingeschmiert und ins Schlafzimmer gezogen.«

»Sie haben … was?« Ich war einigermaßen verwirrt und dachte zuerst, mich verhört zu haben.

»Ich hab' sie eingeschmiert und ins Schlafzimmer gezogen«, bestätigte der Mann. »Da habe ich sie dann gefüttert. Aber vorhin hat sie nichts mehr gesagt, da dachte ich, ich ruf lieber mal an.«

Ich war jetzt wirklich perplex. Jetzt erklärte sich auch der komische Geruch. Da war sie wieder, die Kirsche für obendrauf.

»Warum haben Sie denn nicht schon vor zwei Tagen angerufen?«, wollte ich wissen. »Wir hätten Ihnen doch geholfen.«

Der Mann hob die Schultern.

»Weiß nicht. Ging ja noch.«

Dazu fiel mir nichts mehr ein. Der Mann schien ohnehin ein wenig überfordert zu sein. Mit der Situation sowieso, aber vermutlich auch mit dem Leben als solchem.

Dieser Fall machte mir wieder klar, was es alles gibt. Es ist zugleich faszinierend als auch schockierend, wie manche Menschen durchs Leben gehen. Was geht in einem Kopf vor, der eine hilflose Mutter am Boden liegen sieht, sie mit Butter einschmiert und weiterfüttert, ohne sich helfen zu lassen. Ist das Scham? Ist es Überforderung? Fehlender Intellekt? Andererseits hat er auch daran gedacht, die 112 zu rufen, als sie nach qualvollen zwei Tagen tot war. Es ist mir in solchen Situationen immer ein Rätsel, wie es so weit kommen kann. Aber gleichzeitig zeigt es mir immer wieder auf, wie gut es mir geht, und schöpfe meine Demut und tiefe Dankbarkeit aus diesen Momenten.

Der grüne Koffer

Zu den schwierigsten Einsätzen zählen die sogenannten psychiatrischen Notfälle. Von denen hatte ich sehr viele. Meistens sind das Einsätze, bei denen es um akute Erregungszustände geht. Im Volksmund würde man es Nervenzusammenbruch nennen. Diese sind zwar sehr anstrengend, da man meist in eine Situation kommt, die ohnehin schon sehr aufgeladen ist. Man sollte dann einfach den Betroffenen aus der Situation herausholen, am besten im RTW, und zur Ruhe bringen. Das klappt eigentlich ganz gut. Das ist alles noch machbar. Manchmal muss man diese Menschen auch akut in eine psychiatrische Einrichtung fahren. Aber meist genügt das tröstende Wort. Ich konnte das immer ganz gut.

Manchmal jedoch hilft alles nichts.

Wir wurden zu einer Frau gerufen, die sich offensichtlich in einer anderen Dimension befand. Die besorgten Eltern hatten uns gebeten, mal nach ihrer Tochter zu schauen, sie wäre … auffällig.

Wir baten darum, alleine mit ihr zu sprechen, um uns ein unbeeinflusstes Bild von ihr zu machen. Denn merke: Auch wenn andere dich für verrückt halten, bist du es noch lange nicht. Vielleicht sind sie ja sogar die Ursache.

Ich hatte mir angewöhnt, den Patienten wirklich zuzuhören, was sie zu sagen haben. Vielleicht finde ich ja den Grund heraus, warum diese Person sich so verhält, dass es den anderen verrückt vorkommt.

Nun, wie dem auch sei … wir trafen auf eine junge Frau,

die auf dem Sofa saß und ein wenig verängstigt wirkte. Sie redete vor sich hin. Als ich sie ansprach, reagierte sie nicht. Oha, dachte ich. Das wird kompliziert. Sie wiegte sich hin und her und redete Verständnisloses. Irgendwann fanden wir heraus, dass sie das Telefonverzeichnis ihrer Firma aufsagte. Sie nannte wahllos Namen und die dazu passende Durchwahl.

Irgendwann reagierte sie auf mich. Ich fragte sie nach ihrem Namen, den sie mir auch nannte. Da sie ihren Vornamen angab, wollte ich nur freundlich sein und sagte zu ihr: »Schön, Anne*. Hallo, wie geht's, ich bin der Meddi.«

Sie schreckte hoch, schaute mich an und sagte: »Meddi?«

»Ja«, gab ich zurück.

»Meddi Müller, der Schriftsteller?«

Jetzt war ich wirklich verblüfft, aber auch ein wenig stolz, dass sie meine Bücher kannte. Mein Kollege war ebenfalls überrascht.

Ich bestätigte ihr, dass ich *dieser* Meddi Müller sei.

Doch dann sagte sie: »Ein Glück malst du keine Bilder.«

Dies führte zu einem fulminanten Lachanfall meines Kollegen und zu einer schlagartigen Ernüchterung bei mir. Scheinbar haben ihr meine Bücher nicht so gut gefallen.

Egal, zurück zum Fall.

Sie saß auf dem Sofa neben mir und fing an, ständig nach irgendwelchen Gegenständen zu greifen. Sie sagte dazu: »Ich brauch was Weißes«, und griff nach einer weißen Kerze. Oder sie bräuchte etwas Gelbes und griff nach einem gelben Kissen. Dann brauchte sie was Schwarzes und griff nach meinem Armband. Ich kam nicht zu ihr durch, um sie in die Realität zu holen. Als sie schließlich behauptete, ein grüner Koffer zu sein, war klar, dass wir das vor Ort nicht lösen konnten. Es sind zwei Dinge, die dieser Einsatz bewirkte. Zum einen kam mir die Erkenntnis, dass die menschliche Psyche unergründliche

Tiefen hat. Ich frage mich bis heute, warum diese junge Frau so dermaßen weggetreten war. Sehr viel später erfuhr ich, dass sie sich das Leben genommen hat. Was sehr dramatisch und traurig, aber auch letztendlich wenig überraschend ist. Das Zweite aus diesem Einsatz war, dass mein Kollege, kaum zurück auf der Wache jedem erzählte, dass die Frau froh war, dass ich keine Bilder male.

Captain Nelson

Ein weiterer hochinteressanter Fall ereignete sich an einem Abend im Spätsommer des Jahres ... keine Ahnung, wann das war, ich fand die Einleitung so gut, dass ich sie einfach mal verwenden wollte.

Wir wurden zu einem psychiatrischen Notfall gerufen. Die Polizei war bereits vor Ort und ein wenig überfordert mit dem Patienten. Wir kamen an und ich gebe zu, die Situation war merkwürdig. Die Streife, ein gesetzter Kollege und seine vermutlich unerfahrene, bildhübsche, aber ein wenig weltfremde Kollegin, teilten uns mit, dass die Bewohner sie gerufen hätten, weil sie mit ihrem Sohn nicht mehr klarkämen. Auch die Polizisten waren ratlos und wussten nicht so recht, was zu tun sei.

Ich fragte, wo der Junge denn sei.

In seinem Zimmer, hieß es.

Ich öffnete vorsichtig die Tür, nachdem ich angeklopft hatte.

Die erste Überraschung war, dass der Junge knapp dreißig Jahre alt war. Er saß auf einem niedrigen Stuhl und schaute mich mit fragenden Augen an.

Ich sagte, ich sei der Meddi vom Rettungsdienst, und fragte, was denn mit ihm los sei.

Er stellte sich als Captain Nelson[1] vor.

---

1 Captain Nelson ist der Held aus einer Fernsehserie der 1960er-Jahre, die den Namen »Bezaubernde Jeannie« trug. Die Figur wurde von Larry Hagmann, besser bekannt als J. R. Ewing, gespielt.

Ich sagte: »Okay, Captain, dann kommste mal lieber mit.«

Im Hintergrund schnappte sich der Polizist die Jacke des Patienten und fragte, ob die ihm gehöre. Das bejahte der junge Mann. Daraufhin schüttelte der Polizist die Jacke und eine Menge Tabletten flogen auf den Boden.

»Das sind alles Nahrungsergänzungsmittel«, rief der Patient.

Jeder im Raum wusste, dass es keine waren, aber es war auch irgendwie egal.

Ich fragte den Patienten, was denn mit ihm jetzt nicht stimme und warum seine Eltern so besorgt seien. Daraufhin erklärte er mir, dass er die bezaubernde Jeannie sei und machte deren Bewegung nach, wenn sie dem Captain Nelson einen Wunsch erfüllte. Dazu verschränkte er die Arme vor der Brust und nickte kurz, um den Wunsch wahr werden zu lassen.

Oh Wunder, es geschah … nichts.

Wir waren uns schnell einig, denn er war sehr freundlich und kooperativ, also fuhren wir in die Psychiatrie. An der Wohnungstür fragte mich die Polizistin mit riesengroßen Augen ganz besorgt, was denn mit dem jungen Mann sei.

»Der hat sich vermutlich mit Drogen das Gehirn gequirlt«, sagte ich.

»Waaas? Meinst du wirklich?«, sagte sie völlig entsetzt.

»Willkommen in Frankfurt«, war alles, was mir dazu einfiel. Sie schien mir doch sehr frisch zu sein. Aber das würde sich bestimmt bald ändern.

Im Auto machte unser Patient dann das volle Programm durch. Im wahrsten Sinne des Wortes. Zuerst war er wieder der Captain, dann die Jeannie und dann auch mal ein Pokémon und weitere Fernsehfiguren, wie zum Beispiel Wickie und andere. Ich hörte ihm fasziniert zu, denn er war in keiner

Weise aggressiv. Allerdings war auch kein echtes Gespräch mit ihm zu führen, denn er redete wirklich nur zusammenhanglos vor sich hin.

Tja, liebe LeserInnen. Die Moral von der Geschichte: Lasst mal besser die Hände von den Drogen. Sonst kommt ihr ins Fernsehen oder das Fernsehen zu euch oder ihr werdet zu einem Fernseher oder … Ach, lassen wir das.

Mein persönlicher Genickbruch

Alkohol und Drogen beschäftigen uns im Rettungsdienst von Anfang an und immerzu. Es ist ein ständiges Übel. Wie weit Menschen gehen können, ist manchmal kaum zu glauben. Ich hatte immer ein wenig Verständnis für die Leute. Die Abhängigen sind meist nicht böse. Es gibt so viele Gründe, in die Drogensucht zu geraten, das können wir hier nicht klären, aber es sind in der Regel sensible Charaktere, die ohne Unterstützung an den Rand der Gesellschaft gedrängt wurden und dort im Sumpf des Rausches versinken. Ich hatte immer ein ganz gutes Händchen im Umgang mit den Suchtpatienten, weil ich sie immer ernst nahm, mit ihnen anständig gesprochen und sie immer fair behandelt habe. Aber der Umgang mit diesen meist wenig einsichtigen PatientInnen ist sehr anstrengend und der Krug geht so lange zum Brunnen, bis er bricht.

Es war ein herrlicher Sommertag. Das Wetter prächtig, das Leben schön und meine Laune war bestens.

Dann alarmierte es in eine Kleingartenanlage zu einem unklaren Notfall. Das konnte alles sein. Es dauerte eine Weile, bis wir bei der Patientin waren, denn es war eine große Kleingartenanlage. Endlich waren wir da. In einer Gartenhütte empfingen uns zwei Frauen. Eine davon saß auf einem Sofa, schrie und weinte. Ihre Freundin schien völlig überfordert und spielt ab jetzt auch keine Rolle mehr. Sie ist in meinen Erinnerungen nicht mehr als ein kleines Rauschen. Aber der Vollständigkeit halber sei sie erwähnt.

Die Frau auf dem Sofa war sehr korpulent, trug ein Top, das tief blicken ließ (zu tief, für meinen Geschmack) und schrie. Ununterbrochen. Eine Mischung aus Jammern und Heulen. Der Laie würde sagen, am Rande des Nervenzusammenbruchs; wenn nicht sogar schon mittendrin.

Ich stellte mich vor und fragte sie, was los sei.

Sie schrie mich an, dass sie Hilfe bräuchte.

Ich erklärte ihr, dass wir die Hilfe seien, und fragte erneut, was wir für sie tun können.

Sie schrie wieder, dass Sie Hilfe benötige.

Erneut verwies ich auf unsere auffällige Kleidung und unser sauteures Equipment und erklärte ihr, dass wir die Hilfe seien.

Sie schrie erneut, dass sie Hilfe benötige.

Ich verzichtete auf einen erneuten Hinweis, wer hier die Hilfe war, und fragte, was denn überhaupt passiert sei.

Sie schrie wieder, dass sie Hilfe benötige.

Ich erklärte ihr, dass wir nicht helfen können, wenn wir nicht wissen wobei.

Dann schrie sie plötzlich, und ich zitiere: »Er hat mich in meinen Arsch gefickt!!«

Ich schüttelte mich kurz und fragte, wer das war, denn es war ja kein weiterer Mann anwesend.

Sie wiederholte die Worte.

Ich blieb ruhig und fragte, wann das denn gewesen sei und ob sie jetzt Schmerzen deshalb hatte. Der unschöne Geschlechtsakt war wohl etwas länger her und wohl auch »nur« ein Teil des Gesamtproblems, wenn auch ein besonders verabscheuungswürdiger.

Sie fing wieder an, nach Hilfe zu schreien.

Ich erklärte ihr erneut, dass wir die Hilfe seien und dass wir so nicht weiterkämen.

Sie schrie wieder, dass sie Hilfe benötige … und in mir zerbrach etwas. Ich konnte es fast hören. Nach all den Jahren, die ich es geschafft hatte, meine Empathie am Leben zu erhalten, starb sie hier und jetzt, direkt vor meinen Augen. Und ich konnte nichts dagegen tun. Ich gab einfach auf. Ich sackte in mich zusammen, sagte: »Okay!«, und verließ wortlos die Gartenhütte. Ich hatte einfach genug, es war jetzt auch mal gut. Ich rief die Leitstelle an, bestellte einen Arzt und eine Polizeistreife und setzte mich in einen Gartenstuhl, während im Inneren der Hütte die Frau weiter nach Hilfe schrie. Es ging einfach nicht mehr. Ich hörte sie auch kaum. Sie war mir schlichtweg egal. Ich spürte eine innere Leere wie nie zuvor und nie mehr danach. Aber von diesem Moment an hatte ich keinen Funken Mitleid mehr übrig. Die Frau in der Hütte hatte den letzten Schluck meiner Empathie getrunken. Von da ab war mir jegliches Schicksal meiner PatientInnen gleichgültig. Ich wusste sehr wohl, welche Unfälle und Krankheiten schrecklich für die Betroffenen waren und was sie durchmachten, aber spürte es nicht mehr. Ich funktionierte ab da nur noch. Viele Jahre lang. Meine Rüstung war ab jetzt unzerstörbar, denn die einzige Waffe, die sie durchdringen konnte, gab es nicht mehr. Die Empathie.

Verstehen Sie mich nicht falsch. Das ist nicht gut. Ich weiß das. Aber ich denke, dass dieser Schritt zu meinem Eigenschutz absolut notwendig war, um zu überleben. Mein Fass war einfach voll. Es gibt in diesem Fall zwei Möglichkeiten. Nummer eins, Sie machen dicht, so wie ich, oder Nummer 2, Sie drehen durch. Wählen Sie selbst, was besser ist.

Zurück zum Fall.

Der Notarzt kam, die Polizei auch. Ich schilderte kurz, was vorlag, und setzte mich wieder in meinen Stuhl. Jetzt war der Arzt dran.

Jemand kündigte ihn an und er betrat die Hütte.

Ich muss dazusagen, dass der Arzt ein echter Sonnenschein ist. Herzensgut, offen, erfahren und sehr sympathisch. Kurz: ein Klasse Typ, mit dem ich in meiner Karriere immer sehr gerne zusammengearbeitet habe.

Jetzt wendete sich das Blatt.

Die Frau schwenkte komplett um und war sofort schockverliebt in den Arzt.

»Oh, das ist aber ein schöner Arzt«, rief sie.

Der Arzt war ein wenig verlegen und fragte nach dem Befinden der Frau und ob sie denn gerne mal mit uns kommen möge, wir hätten da ein schickes Plätzchen für sie in einer Klinik, wo sie sich mal ausruhen könne.

»Wenn der schöne Arzt mir einen Kuss gibt, geh ich mit dem überall hin.«

Ich war schockiert und ein wenig angeekelt. Ich war gespannt, ob der Arzt darauf einging. Er zögerte noch. Sie wiederholte ihre Bedingung. Und ... der Arzt willigte ein. Ich wollte ihn anschreien, das zu lassen, um ein Trauma bei ihm zu verhindern, aber es war schon zu spät. Er hielt ihr die Wange hin, sie küsste ihn schmatzend und sie stand auf und folgte uns in den RTW.

Ich raunte dem Arzt ein paar unflätige Worte zu, die dieser nur grinsend quittierte, und wir fuhren endlich los. Unüblicherweise fuhr der Arzt mit, nicht zuletzt, weil es ihm die Patientin so diktierte. Sie hatte nun die scheinbare Macht und genoss sie. Sie himmelte den Arzt an und ich war froh drum, musste ich mich doch so nicht mit ihr beschäftigen. Ich wagte es nicht, die Turteltäubchen zu stören. Wir fanden einen Platz in einer psychiatrischen Einrichtung etwas außerhalb der Stadt und brachten sie dorthin.

Wir wollten die Patientin übergeben, als auch schon der nächste Stock zwischen unsere Beine geworfen wurde. Der diensthabende Arzt verweigerte nämlich die Aufnahme der Patientin, weil sie betrunken war. Dazu muss man wissen, dass in den allermeisten Fällen in den psychiatrischen Einrichtungen vor der Patientenübernahme zwei Dinge geklärt sein müssen. Zum einen die Zuständigkeit, und zum anderen ein Grund, warum man die PatientInnen nicht aufnehmen kann. Und jetzt nagelt mich an die Wand, in unserem Einsatzgebiet ist das immer so. Und da braucht mir keiner kommen.

Nun, der Grund war gefunden und die Diskussionsrunde eröffnet.

Wir waren der Meinung, dass die Patientin klar genug war, um in dieser Einrichtung zu bleiben. Der Aufnehmende war gegenteiliger Meinung, weil er keine Überwachungsmöglichkeit hätte, was wir lachend als absurd betrachteten, weil diese Patientin offensichtlich keine maschinelle Überwachung benötigte. Es ging hin und her, wie eigentlich immer in derlei Fällen, und wir zündeten die nächste Eskalationsstufe. Ein Vorgesetzter musste entscheiden.

Der Aufnehmende verschwand zerknirscht und kam wenig später zurück. Der Oberarzt war unserer Meinung und wir konnten die Patientin endlich in ein frisches Bett legen. Viel gesprochen wurde jetzt nicht mehr.

Wir verabschiedeten uns, die Patientin schmachtete unserem Arzt noch ein wenig hinterher und … nix wie weg jetzt.

Am Auto versammelten wir uns zu einer Nachbesprechung, weshalb wir noch nicht gleich zurückfuhren. Plötzlich trommelte von innen ein Pfleger an die Eingangstür, wir sollen sofort zurückkommen, es müsse reanimiert werden, unsere Patientin sei tot.

Wir waren zwar überrascht, aber auch trainiert genug, um in einem solchen Fall sofort zu reagieren und auf Fragen zu verzichten. Wir schnappten unser Equipment und stürmten zurück ins Übergabezimmer. Da lag unsere Patientin, mit geschlossen Augen und tatsächlich regungslos.

Der aufgeregte Pfleger rief nur: »Sie hat keinen Puls mehr und wird nicht wach. Wir müssen reanimieren.«

Hier bestätigte sich wieder, was ich schon einige Male angemerkt habe. Im Rettungsdienst zählt die Erfahrung.

Ich hatte bis dahin schon unzählige Tote gesehen und keiner von denen hatte so ausgesehen. Ich war skeptisch. Da ich ganz vorne stand, ging ich ans Bett und schaute mir die Patientin an. Ihr Kopf war leicht zur Seite geneigt und an ihrem linken Arm war die Blutdruckmanschette angebracht. Ich fragte den Pfleger, an welchem Arm er den Puls gemessen hatte. Er sagte am linken Handgelenk.

Ich suchte den Blick des Notarztes, grinste ihn an und schnickte der Patientin an den Kopf. Anschließend ließ ich die Luft aus der voll aufgepumpten Blutdruckmanschette, die am linken Arm der Patientin hing. Die Frau wurde sofort wach und fragte, was das solle und warum ich sie wecke. Ich rief in den Raum: »Reanimation erfolgreich, einen schönen Tag noch.«

Der Arzt und ich lachen noch heute drüber, wenn wir uns treffen.

Zur Vollständigkeit: Die Patientin hatte sage und schreibe 4,6 Promille Alkohol im Blut, was bis heute in meiner Karriere ungeschlagen ist.

Der Tag, an dem wir das Internet gerettet haben

Ich will mich hier nicht mit irgendwelchen Heldentaten brüsten, aber ich glaube fest dran, dass meine Kollegen und ich an einem Abend vor etlichen Jahren den Fortbestand des Internets gesichert haben.

Es muss zwischen Juli 2004 und Mai 2010 gewesen sein, denn in dieser Zeit war Horst Köhler Bundespräsident. Warum das wichtig ist, erklärt sich in Kürze.

Wir wurden an einem Abend so gegen 22.00 Uhr zu einem psychiatrischen Notfall gerufen. Wie immer sorgte die Nachricht auf dem Alarmausdruck für wenig Freude im Team, aber Job ist Job, einer muss ihn ja schließlich machen. Also kurz geflucht und ab ins Auto.

Wir kamen zu einem höheren Wohngebäude mit unzähligen Parteien. Welches Stockwerk es war, weiß ich nicht mehr, spielt auch keine Rolle, aber es war auf jeden Fall nicht im Erdgeschoss.

Eine junge Frau öffnete uns die Tür und wir fragten, was los sei.

Sie erklärte uns, dass sie nicht mehr klarkomme, da ihr Freund völlig ausgerastet sei.

Auf die Frage, wo dieser nun sei, zeigte sie auf eine verschlossene Zimmertür.

Vorsichtig öffnete ich diese, natürlich nachdem ich angeklopft hatte, um die Lage zu checken. Man muss in solchen Situationen wirklich vorsichtig sein.

Im Zimmer lief ein ziemlich großer Mann auf und ab und schimpfte. Er beachtete mich gar nicht und schimpfte wie ein Rohrspatz. Schrie, gestikulierte und war dabei ziemlich aggressiv. Die Frau weinte jetzt, sie hatte große Angst vor ihrem Freund. Ich schickte sie in ein anderes Zimmer.

Ich sprach den Mann an und wollte wissen, was ihn denn so wütend gemacht hatte.

Die Antwort war interessant.

Das System wäre eine Schweinerei und er rufe gleich morgen den Horst Köhler an und wolle dem mal die Meinung geigen und um es allen zu zeigen, werde er das Internet lahmlegen.

Ui, das geht ja mal gar nicht, dachte ich mir.

Da der Mann immer lauter und aggressiver wurde, dachte ich darüber nach, die Polizei zu rufen. Denn eines ist ein Grundprinzip von mir. Ich wende gegen meinen Patienten grundsätzlich keine Gewalt an. Ich überwältige keinen, schlage keinen und ich trete nach niemandem. Das ist nicht Teil meines Jobs. Wenn ich eines hasse, dann ist das unprofessionelles Verhalten. Und wir sind Profis. Auch wenn wir das manchmal vergessen. Grundsätzlich bin ich der Meinung, dass man viel verhindern kann, wenn man erst mal passiv bleibt. Ist jemand in der Lage, nach mir zu schlagen, zu treten oder zu werfen, gilt er als kräftig und gesund und braucht meine Hilfe nicht. Dann gehe ich weg. Macht leider nicht jeder. Viele KollegInnen gehen das Thema falsch an. Natürlich gibt es ein Gewaltproblem in unserem Geschäft, das will ich gar nicht wegdiskutieren. Im Gegenteil, das muss sichtbar gemacht werden. Denn es kann nicht sein, dass Unbeteiligte, die nur helfen wollen, in irgendeiner Form angegriffen werden. Wir kommen, um den Scheiß, den ihr gebaut habt, aufzuräumen, und dann muss man uns nicht auch noch angreifen. Das geht gar nicht. Aber manche Menschen verlieren einfach die Kontrolle, sei es durch Alkohol oder andere Substanzen. Leider gehört es in unserem Job zur Tagesordnung, dass wir in gewalttätige Atmosphären vordringen. Es empfiehlt sich allerdings, dort passiv zu bleiben und zur Not eben wegzugehen. Wenn ich mal in solchen Situationen war, habe ich mich immer zurückgezogen und die Polizei gerufen. Die haben dann aufgeräumt und dann konnten wir auch unseren Teil der Arbeit übernehmen. Ich nehm' das nicht persönlich. Das ist einfach so. Es gibt solche und solche. Der eine ist höflich, der andere halt eben nicht. Ich muss ihn ja nicht mit nach Hause nehmen und meiner Frau vorstellen. Ich verarzte ihn und dann trennen sich unsere Wege … so seh' ich das.

Dennoch gibt es einiges aufzuarbeiten. Denn es zeugt von wenig Ver- und Anstand, wenn man Rettungskräfte in irgendeiner Form angreift oder in ihrer Arbeit behindert.

Zurück zum Fall …

Also, der Mann schrie und schrie und tobte. Erwähnte immer wieder seine Freundschaft zu Horst Köhler und dass er nur einen Stecker ziehen müsse, und schon hätten wir kein Internet mehr. Dies galt es unbedingt zu verhindern.

Ich brauchte gar nicht die Polizei rufen, denn das hatten die Nachbarn bereits getan, schon vor einiger Zeit, denn die Kollegen von der Exekutive klingelten jetzt an der Tür.

Ich teilte den Polizisten kurz mit, was hier los war, und überließ ihnen das Feld. Hier half nur Gewalt und wie gesagt, ich halte mich da raus.

Der Polizist fragte den Mann, was los sei, und der wiederholte seine Vorstellungen der Revolution und seine Drohungen lautstark.

Der Polizist fragte ihn, ob er freiwillig mitkäme, was der

Mann ablehnte. Dann sagte der Polizist: »Gut, kein Problem, Hände auf den Rücken!«

Zu meinem Erstaunen legte der Mann tatsächlich die Hände sofort auf den Rücken. Der Polizist stellte sich hinter den Mann und sagte, er solle stillhalten, sonst täte es weh.

Der Polizist legte dem Patienten Handschellen an und der beschwerte sich, dass es schmerzte.

»Ich hab ja auch gesagt, dass du stillhalten sollst«, war alles, was dem Polizisten dazu einfiel.

Wir schafften den Mann dann unter der Hilfe der Polizei in den RTW, um ihn in eine Psychiatrie zu bringen. Wir stiegen gerade ein, als ein älterer Mann neben mich trat und sich als Vater des Patienten vorstellte. Er fragte, was wir mit ihm machen würden. Ich klärte ihn auf und er sagte: »So was gibt es auch nur in diesem verdammten Staat. Eine Frechheit, wie man hier mit seinen Bürgen umgeht.«

Da hatten wir die Ursache für das seltsame Verhalten des Mannes doch schon gefunden. Das Problem lag wohl in der Kinderstube, wie so oft.

Eine kleine Anekdote ereignete sich dann noch im Fahrzeug. Als wir den Patienten fragten, wo er denn versichert sei, antwortete er mit sehr unschönen Worten, dass wir ihn dort lecken sollten, wo die Sonne nicht scheint. Mein Kollege und ich blickten uns kurz an, grinsten und waren uns einig, dass der Mann ab sofort als sogenannter Selbstzahler versichert war. Dies hatte zur Folge, dass er erst mal eine schöne Rechnung von um die 1000 Euro bekam. Natürlich konnte er die an seine Versicherung weiterreichen, aber er sollte sehen, welchen Schaden er angerichtet hatte.

Etwa eine Woche später brachte ich wieder einen Patienten in die geschlossene Psychiatrie, wieder in Polizeibegleitung und

Handschellen, als ein Mann neben mich trat und mich freundlich begrüßte. Es war der Freund von Horst Köhler. Er war sehr freundlich und gut aufgelegt. Ich war sehr überrascht, dass er mich tatsächlich wiedererkannte. Ich muss ehrlich gestehen, dass ich einen Moment gebraucht hatte, um ihn einzuordnen.

»Naaa, der ist ja wohl nicht ganz freiwillig mitgekommen«, kommentierte er unseren aktuellen Patienten.

»Nope«, sagte ich kurz angebunden.

»Das war bei mir ja wohl einfacher«, sagte er dann.

Ich schaute ihn streng an und sagte: »Mit Handschellen auf dem Rücken ist für uns immer einfach.«

»Was?«

Ich schaute ihn nur an. Das wusste er einfach nicht mehr. Seltsam. Er erkannte mich wieder und alles andere hatte er vergessen. Da sind wir wieder bei den unerforschten Regionen unseres Körpers. Das menschliche Gehirn macht Dinge, für die es zu klein, ist um sie selbst zu verstehen. Faszinierend.

Immer schön machen, was der Arzt sagt!

Wir wurden zu einer unklaren Bewusstlosigkeit gerufen. *Unklar* bedeutet bei uns immer: »Ich weiß nicht, was da los ist, fahrt aber mal hin, das ist komisch.«

So war es auch diesmal.

Wir trafen auf eine alte Dame, die in ihrer Küche saß und scheinbar bewusstlos war. Wir versuchten sie natürlich zu wecken. Aber all unsere Versuche liefen ins Leere. Sie war einfach nicht aufzuwecken. Wir machten den Standardcheck. Puls, Atmung, Blutdruck, Blutzucker … alles da, alles gut. Aber eben nicht ansprechbar.

Leider war niemand da, der uns etwas über die Frau sagen konnte. Sie saß einfach auf einem Stuhl und war … weg.

Wir rätselten eine Weile herum, kamen aber ums Verrecken nicht drauf, was mit dieser Frau nicht stimmte und warum sie nicht bei Bewusstsein war.

Eine Simulation kam nicht infrage. Wir haben da unsere Methoden, das rauszufinden.

Warum sollte das die alte Frau auch machen?

Also standen wir um die vermeintlich Bewusstlose herum und kratzten uns am Kopf. Eile war ja nicht geboten, sie war ja technisch gesehen gesund. Aber warum nahm sie nicht mehr am Leben teil?

Vermutlich hätten wir den Rest des Tages damit verbringen können, darüber zu rätseln und wären nie drauf gekommen.

Schließlich erledigte sich die Sache durch unser aggressives Abwarten von alleine.

Die Frau schlug die Augen auf, schaute sich um und fragte, wer wir denn seien und warum wir in ihrer Küche standen. Sie war jetzt völlig klar.

Wir stellten uns vor, erklärten ihr, dass sich ihre Nachbarn um sie sorgten, weil sie eben bewusstlos auf diesem Stuhl saß.

Wie immer in solchen Fällen, glaubte man uns erst mal nicht. Das ist normal. Irgendwann erfolgt dann die Erkenntnis, dass wir Männer in den komischen Klamotten ja wohl kaum von selbst gekommen sind und dass das Gesagte dann doch wohl stimmen müsse.

Aber wir waren immer noch neugierig, warum sie so weggetreten war, und fragten die Frau, ob sie sich vorstellen könne, warum sie das Bewusstsein verloren hatte. Vielleicht gab es ja einen ernsten Hintergrund und wir müssen sie in eine Klinik mitnehmen.

Na ja … sie wäre einkaufen gewesen und auf dem Rückweg wäre ihr schwummerig geworden.

»Aha!«, dachten wir, waren aber noch nicht ganz überzeugt. »Und was haben Sie dann gemacht?«

»Da hab ich das Spray genommen, wie mir das mein Arzt gesagt hat. Wenn's mir nicht gut geht, soll ich das nehmen.«

»Welches Spray?«

Sie kramte in ihrer Tasche und zeigte uns ein kleines Fläschchen mit Sprühkopf, das uns wohlbekannt war. Es handelte sich um Nitro-Spray. Hauptbestandteil dieses Sprays ist Nitroglycerin. Die Hauptaufgabe dieses Sprays ist, die Vorlast zum Herzen zu reduzieren, um Entlastung bei Bluthochdruck zu schaffen. Das Spray kann man auch zur Diagnostik einsetzen. Eine Nebenwirkung des Medikamentes ist eine Blutdrucksenkung von bis zu 30 Punkten. Das heißt, wenn ich einen niedrigen Blutdruck habe und das Spray nehme, senke ich ihn weiter. Deshalb ist es zwingend erforderlich, vor der Gabe des Sprays den Blutdruck zu kontrollieren und, wenn man es ganz richtig machen will, vorher einen Zugang zu legen, um bei eventuellen Komplikationen sofort reagieren zu können. Da lag also der Hase im Pfeffer begraben. Sie hatte das Spray unter falschen Voraussetzungen genommen. Ob sie ihrem Arzt nicht zugehört, er ihr das falsch erklärt hatte oder wie auch immer – irgendwas wurde falsch kommuniziert und die alte Dame hat in gutem Glauben, sie würde ihren Kreislauf ankurbeln, diesen noch weiter in die Knie gezwungen und sich somit in die Bewusstlosigkeit gesprüht.

Sie hat Glück gehabt. Das muss man so sagen. Denn so was kann auch mal in die Hose gehen. Aber von alleine wären wir nie darauf gekommen.

Der Fake-Besoffene

Die einfachste und zugleich spektakulärste Art, Leben zu retten, ist der diabetische Notfall. Genauer gesagt die Hypoglykämie[1] (Unterzuckerung). Die ist im Gegensatz zur Hyperglykämie brandgefährlich. Hyperglykämie ist auch nicht gesund, aber in der Notfallrettung eher ungewöhnlich und nicht so eilig.

Das Blöde an der Hypoglykämie ist, dass sie sich zeigt, als wäre der Betroffene betrunken. Diese PatientInnen torkeln, lallen und reden dummes Zeug daher. Also alles, was ein Betrunkener auch macht.

Und das macht es so gefährlich.

Es wird zu spät erkannt und dann ist es ruck, zuck lebensgefährlich.

Der normale Zuckerwert liegt im nüchternen Zustand bei etwa 60 bis 100 mg pro Deziliter Blut. Wenn wir essen, steigt er auf ungefähr 140 und beruhigt sich dann wieder. Ich könnte jetzt hier über den Zuckerhaushalt, seine Bedeutung für den Hunger, das Insulin, wo es produziert wird, und für was wir es genau brauchen, langkettige Kohlenhydrate, Diabetes I und II ... bla, bla, bla. Wenn Sie es genau wissen wollen, finden Sie das im Internet.

Aber es ist wichtig zu wissen, dass die Unterzuckerung bei einem Wert von 60 mg/dl schon anfängt. Und es geht rasend

---

1 Partywissen: Hypo ist immer niedrig und Hyper ist immer hoch, zum Beispiel: Bluthochdruck = Hypertonie, Unterzuckerung = Hypoglykämie.

schnell bergab. Und eh man sich versieht, ist man bewusstlos und schließlich tot, wenn man nichts dagegen unternimmt.

Am Anfang der Unterzuckerung, wenn man merkt, dass einem schwummerig ist und wackelig, dann trinkt man eine Cola oder einen Fruchtsaft und alles wird gut. Man kann auch einen Traubenzucker lutschen. Alles, was süß ist und schnell ins Blut geht, hilft. Verpasst man aber den Zeitpunkt, rutscht man ab. Irgendwann kann man nichts mehr oral aufnehmen und kommt in Lebensgefahr. Spätestens jetzt sollten Sie die 112 wählen! Gerne auch ein wenig früher, denn das ist ein echter Notfall.

Man muss es nur erkennen. Und das ist manchmal ein Problem …

Wir wurden zu einem offensichtlich angetrunkenen Mann gerufen. Er stand vor einem Supermarkt auf dem Parkplatz und versuchte, sein Auto aufzuschließen, um nach Hause zu fahren. Es war später Nachmittag und das Wetter war gut. Wir begutachteten den Mann und waren der Meinung, dass er auf keinen Fall in seinem Zustand Auto fahren sollte. Da er sich allerdings noch ganz gut auf den Beinen hielt und mehr oder weniger zielgerichtet agierte, riefen wir die Polizei hinzu, da er für einen Krankenhausaufenthalt nicht geeignet schien. Dafür war er einfach nicht besoffen genug. Wir kamen überein, dass die Polizei ihn nach Hause bringt und ins Bett legt, wo er seinen Rausch ausschlafen sollte.

Wir freuten uns, schnell und kosteneffizient gearbeitet zu haben, und fuhren wieder zurück auf die Wache. Wenige Minuten später jedoch alarmierte es erneut. Wir fuhren zu einer Adresse um die Ecke und sahen eine Polizeistreife vor einem Haus stehen. Nie ein gutes Zeichen.

Als wir das Haus betraten, erkannten wir die Streife von vor wenigen Minuten wieder. Ebenso wie unseren besoffenen Rentner. Mir schwante Schlimmes und ich verfluchte mich schon jetzt.

Wir bereits vermutet, teilten uns die Polizisten mit, dass der Mann immer komischer wurde und jetzt gar nicht mehr reagiere. Ich musste nicht lange rumrätseln. Ich Depp war auf die Unterzuckerungssymptomatik reingefallen. Also maß ich schnell den Zuckerwert, der meine Diagnose bestätigte. Mittlerweile war der Wert im absolut bedrohlichen Bereich. Also überlegte ich nicht lange, verzichtete auf eine zeitaufwendige Notarztnachalarmierung und gab dem Mann über einen Zugang flüssigen Zucker.

Da ich wusste, was nun passierte, nutzte ich die Gelegenheit, mich vor der hübschen Polizistin ein wenig aufzuspielen. Ich fragte sie, ob sie das schon mal gesehen hatte. Sie verneinte.

»Dann pass mal auf …«

Der Mann saß völlig apathisch in einem Sessel. Wie eine Puppe. Völlig weggetreten, nicht erreichbar. Ich verabreichte ihm die Zuckerlösung und sagte zu der Polizistin, sie solle genau hinsehen. Und dann, nach wenigen Sekunden, als hätte man einen Schalter umgelegt, war der Mann hellwach, schaute sich um und fragte, was wir alle bei ihm zu Hause wöllten.

Der Polizistin fiel die Kinnlade herunter und ich grinste breit.

Es ist wirklich absolut beeindruckend so etwas zu sehen: Menschen, die auf der Schwelle zum Tod standen, weil ihr Zucker im Keller war und innerhalb weniger Augenblicke wieder voll da waren. Ich gebe zu, ich liebe diese Momente.

Die Praline

Einen ähnlichen Fall hatten wir am Rande der Stadt. Wieder war eine Unterzuckerung gemeldet. Diesmal aber bei einer älteren Dame. Wir fuhren schnell hin und gingen in die Wohnung. Der Raum war gut gefüllt mit Menschen. Ein Familientreffen stand an und die Großmutter hatte es erwischt. Man hatte auch erkannt, dass es sich um eine Unterzuckerung handelte, was schon mal gut war. Die Frau saß in einem Ohrensessel und hinter ihr an der Lehne stand ein junger Mann, vermutlich der Enkel, und bewegte den Kiefer der Frau, die bereits bewusstlos war. Dazu sagte er immer wieder: »Oma, kau … Oma, kau.«

Er hatte ihr eine Schokoladenpraline in den Mund gesteckt und so versucht, ihr Zucker zuzuführen. Im Prinzip richtig, aber leider sinnlos, da die Frau nicht mehr schlucken konnte, weil sie bereits bewusstlos war.

Ich rief sofort die Leitstelle an, um mir einen Arzt nachzubestellen. Doch was ich da hörte, gefiel mir nicht. Das NEF sollte aus dem anderen Ende der Stadt zu uns kommen. Wie so oft, war mal wieder kein NEF in der Nähe frei. Also sagte ich, dass es sich erledigt hätte, ich bekäme das alleine hin.

Jetzt war ich in der Pflicht.

Ich legte der Frau einen Zugang, zum Glück klappte das gut, und gab ihr den flüssigen Zucker, der sie wieder ins Leben zurückbringen sollte.

Wie auch schon bei unserem »besoffenen« Patienten machte es nach kurzer Zeit klick und die Dame war wieder da.

Sie schaute mich an und grinste. Ihre Zahnreihe war schwarz von der Schokolade. Sie leckte darüber und sagte: »Oh, ich habe ja eine Praline im Mund«, und kaute genüsslich darauf rum. Ich grinste und war zufrieden.

Als ich ihr sagte, sie könne gerne noch das ein oder andere Stück Kuchen nachschieben, um den Zuckerhaushalt zu stabilisieren, war sie überglücklich.

Stammkundschaft

Jedes Wachgebiet hat seine Stammkundschaft. Manchmal gibt es sogar PatientInnen, die halten ganze Städte auf Trab.

Ich kann mich an eine Frau erinnern, die nur wenige Meter von meiner damaligen Wache entfernt wohnte und am Ende beinahe täglich den Notruf wählte. Ich kann mich noch sehr gut an unsere erste Begegnung erinnern. Allein das Betreten des Hauses war ein Erlebnis, denn im Inneren des einst beinahe herrschaftlichen Anwesens war die Zeit stehen geblieben. Die Möbel, die Tapete, der Boden, die Küchengeräte … scheinbar alles in diesem Haus war steinalt. Es war sogar am Tag dunkel im Haus, da die Läden (ja, Läden, nicht Roll-Läden) immer geschlossen waren. Die Patientin saß jedes Mal, wenn wir kamen, in der geräumigen Küche auf einem alten Sofa mit Federkernsitzfläche und lackierten Armlehnen aus Holz. Ihr Mann trug stets einen grauen Arbeitskittel und hatte nichts, aber auch gar nichts zu melden.

Wie dem auch sei … gemeldet wurde eine Atemnot. Wir waren natürlich lange vor dem gleichzeitig alarmierten NEF vor Ort, weil unsere Anfahrtstrecke etwa 200 Meter betrug. Die Frau saß auf dem Sofa, ich setzte mich zu ihr und sie redete ununterbrochen. Ich konnte ihr kaum folgen, denn es war ziemlich wirr.

In schneller Abfolge sagte sie immer wieder: »Isch krieh kei Luft, isch krieh kei Luft, isch krieh kei Luft …«

Ganz ehrlich, das beruhigte mich, denn sie bekam garantiert Luft; und zwar mehr als genug. Wer so schnell und so viel reden kann, hat keine Atemnot.

Ich konnte ihr die Atemnot mit diesem Argument nehmen.

»Ich hab geschwollene Hirnkrämpfe!«, sagte sie plötzlich.

»Sie haben … was?«,

»Geschwollene Hirnkrämpfe.«

Sie machte eine Bewegung mit der Hand von ihrem Nacken bis zur Stirn.

»Von hier hinne bis hier vorne … geschwollene Hirnkrämpfe.«

»Was bitte soll das sein?«, fragte ich sie.

»Ei, kenne Sie des nett?«

»Äh … Nein.«

»Geschwollene Hirnkrämpfe hab ich«, wieder die Handbewegung. »Von hier hinne bis hier vorne.«

Ich gab auf und spielte mit. Durch intensive Gesprächstherapie konnten wir die Frau vor Ort heilen und fuhren wieder nach Hause. Ab da fuhren wir jede Woche mindestens einmal und, wie gesagt, am Schluss beinahe täglich zu ihr, bis sie irgendwann starb. Ab und zu kam ihr Mann zu uns auf die Wache und entschuldigte sich für seine Frau und ließ einen Korb Äpfel und eine Flasche Mariacron da.

Ganz ehrlich, mir tat die Frau am Ende richtig leid, denn man konnte zusehen, wie es schlimmer und schlimmer um sie wurde. Keiner kümmerte sich um sie, ihr Mann war überfordert und die Familie … keine Ahnung. Es gab immer wieder mal Gerüchte über Kinder, die sich nicht um ihre Eltern scherten, aber das weiß niemand so genau. Das war nur der Dorftratsch. Ich weiß nur, dass mittlerweile beide tot sind und das Haus renoviert wurde. Von wem auch immer.

Außer der Frau mit den geschwollenen Hirnkrämpfen hatten wir viele Jahre einen Stammkunden, der wirklich die ganze Stadt in Atem hielt und Unsummen von Kosten produzierte, und das aus sexuellen Gründen. Am Notruf, den seine Mutter immer absetzte, so lange sie lebte, sagte sie immer nur: »Kennen Sie mich?«

Dieser Satz war ausreichend, um einen RTW, ein NEF und ein bis zwei Polizeistreifen loszuschicken. Die Adresse war bekannt, der Name ebenfalls. Die Mutter des Patienten war sehr unangenehm und zudem noch rassistisch, so verwehrte sie einst einem schwarzen Notarzt den Zutritt zur Wohnung. Ich weiß nicht, wer schlimmer war, die Mutter oder der Sohn, der sich als Diabetiker absichtlich unterzuckerte, um beim Masturbieren einen größeren Kick zu bekommen. Und das tat er tatsächlich so gut wie jeden Tag. Es waren Hunderte Einsätze. Niemand weiß genau, wie viele. Aber es waren sehr, sehr viele und jeder im Rettungsdienst und bei der Feuerwehr unserer Stadt kannte die Adresse und den Namen.

Die Einsätze liefen immer gleich ab. Der Patient hatte mal wieder eine Hypoglykämie herbeigeführt, um sich dann sexuell zu erleichtern. Er lag meist irgendwo auf einer Couch, einem Bett oder auf dem Boden, natürlich nackt unten rum, und benahm sich wie ein neuseeländlicher Rugbyspieler beim Haka[1]. Ein fürchterlicher Anblick. Er schrie rum, schlug um sich (daher meistens 2 Polizeistreifen) und war ohne Gewaltanwendung nicht zu bändigen. Über die Jahre entwickelte sich eine Routine. Die Polizisten stürzten sich auf den Halbnackten und fixierten ihn, so gut es ging, und das Rettungsteam flößte ihm Zucker aus einer Infusionsflasche ein. Also lagen sage und schreibe acht Personen auf ihm, um ihn

---

1 Der Haka (Plural: die Haka) ist ein ritueller Tanz der Māori. Häufig ausschließlich als Kriegstanz interpretiert, bedeutet Haka allerdings nichts anderes als »Tanz« oder »Lied mit Tanz« und ist daher ein allgemeiner Begriff für alle Arten von Māori-Tänzen. (Quelle: Wikipedia. www.wikipedia.org/wiki/haka vom 13.4.2022)

zu bändigen, und jeder davon wurde gebraucht. Sobald der Zucker aus der Flasche wirkte, nuckelte der Patient an der Flasche wie ein Baby an seiner Milchflasche. Dabei sah er aus, als wäre er auf dem Stand eines Dreijährigen, obwohl er über dreißig war. Zwischenzeitlich schmierte die Mutter in der Küche ein paar Nutellabrote, die er danach genüsslich und dümmlich grinsend in sich hineinstopfte, um seinen Zuckerspiegel wieder nach oben zu fahren. Seit einiger Zeit haben wir nun nichts mehr von ihm gehört und ab und zu fällt noch sein Name im Zusammenhang mit der Frage: »Was ist eigentlich aus dem *piep* geworden?«

Dann fallen verschiedene Städtenamen, wo er nach den neuesten Informationen nun wohnen soll. Jeder hat mal irgendwo irgendetwas gehört. Es ist so ähnlich wie mit dem Bernsteinzimmer. Jeder hat mal gehört, wo es sein soll, aber keiner weiß es so richtig. Aber alle sind froh, dass er weg ist. Falls das jemand liest und denkt, er kenne den Patienten und wisse dessen aktuellen Aufenthaltsort, kann er mich gerne anschreiben. Ich hoffe, es ist weit, sehr weit weg.

Aller guten Dinge sind drei.

Seit ein paar Jahren haben wir im Stadtgebiet eine Patientin, die hat es besonders schwer erwischt und im Gegensatz zu unserem Diabetiker ist ihr wirklich niemand so richtig böse, denn sie kann einem nur leidtun. Sie ist aus einem Kriegsgebiet und hat eine massive Psychose von dort mitgebracht. Niemand weiß genau, was ihr widerfahren ist, aber es muss wirklich schlimm gewesen sein. Als sie neu in der Stadt war, sorgte sie für einiges an Verwirrung unter den Rettern. Niemand wusste so genau, wie man sie behandeln sollte. Was es noch schwieriger machte, war die Tatsache, dass sie nicht bei einer festen Adresse auftauchte, sondern zu unterschiedlichen Zeiten an unterschiedlichen Orten. Sie bekommt, durch was auch immer ausgelöst, unerwartete Krampfanfälle. Diese Anfälle kommen an manchen Tagen mehrmals. Sie trägt deshalb sogar meistens einen Helm, um sich beim Sturz nicht zu verletzen. Das Schwierige bei ihr ist, dass man sie nicht anfassen darf, weil sie dann sofort wieder krampft. Man muss einfach nur abwarten und aufpassen, dass sie sich nicht verletzt. Sie können sich vorstellen, dass das für uns im Rettungsdienst ziemlich blöd ist. So gut wie immer krampft sie nämlich im öffentlichen Raum. Auf großen Plätzen oder Kreuzungen, in der U-Bahn oder im Bus. Sie ahnen sicher, wie oft wir uns vor *besorgten Passanten* rechtfertigen müssen, warum wir nur dastehen und nichts machen.

Weil wir nicht können. Man kann sie nicht anfassen. Unmöglich.

Ich hatte sie mal in der U-Bahn aufgegabelt. Sie lag mitten im Gang und krampfte, wir standen wie immer drum herum und warteten ab. Um zu verhindern, dass wir am nächsten Tag der neue TikTok-Hit werden, habe ich derweil die noch anwesenden Fahrgäste lautstark über die Situation aufgeklärt und allen mitgeteilt, dass sie ihre Handys stecken lassen können, wir kümmern uns um sie, sie ist uns bekannt.

Schlimm, dass man das heute machen muss. Wir sind so weit gekommen, dass man doch tatsächlich aufblasbare Sichtschutzwände auf der Autobahn aufbauen muss, weil die »Gesellschaft« es einfach nicht hinbekommt, bei Unfällen zügig weiterzufahren, statt blöd zu glotzen und im Weg zu stehen. Ich weiß einfach nicht, was so toll ist, sich am Leid anderer zu ergötzen, das dann auch noch zu filmen und sich über unmoralische, schmutzige Likes zu freuen und sich zu fühlen, als hätte man etwas Ehrbares getan, wie ein Kriegsreporter oder Enthüllungsjournalist. Erbärmlicher geht es wirklich nicht.

Vergegenwärtigen Sie sich mal, dass mittlerweile Einsatzkräfte, die eigentlich helfen könnten, gebunden sind, um hirnlosen Gaffern die Sicht zu nehmen. Wenn man darüber nachdenkt, kommt die nackte Wut in mir hoch.

Zurück zum Fall …

Mittlerweile hat die Patientin einen Begleithund bekommen, der ihr kurz vor einem Anfall mitteilt, dass es gleich wieder bei ihr losgeht. Der Hund kann den Anfall zwar nicht verhindern, aber die Patientin kann sich in sicheres Terrain begeben und senkt somit die Verletzungsgefahr durch einen Sturz oder eine ungünstige Stelle wie Schienen oder mitten auf der Straße, was unter Umständen lebensgefährlich sein kann. Außerdem leckt der Hund dann ihre Hand ab, was die Patientin beruhigt und ihr dabei hilft, aus dem Krampf herauszukommen. Der Hund wurde durch eine Crowdfunding-Aktion finanziert, bei der auch viele aus dem Rettungsdienst gespendet haben.

Wie lange es dauert, bis diese Frau ein einigermaßen normales Leben führen kann, steht in den Sternen. Ich fürchte, das wird nie etwas. Ich will wirklich nicht wissen, was ihr widerfahren ist. Aber es zeigt mir, dass Menschen zu Monstern werden, wenn man sie nur lässt.

Nach einer Weile beruhigt sich die Patientin übrigens von selbst und geht ihres Weges. Alle Beteiligten wissen, dass es nur eine Frage der Zeit ist, bis sie wieder irgendwo liegt. An manchen Tagen fährt man sogar mehrfach zu ihr.

Hallo-ho!

Jetzt, im Herbst meiner Karriere, schlage ich ein Kapitel auf, das wohl das komplexeste ist, was man bei der Feuerwehr machen kann.

Die Leitstelle.

Ich hatte es vor knapp fünfzehn Jahren schon einmal probiert. Ich hatte einen Grundkurs in der Leitstelle begonnen und sehr schnell festgestellt, dass es nichts für mich ist. Im Nachgang kann ich sagen, es lag wohl auch an meinen privaten als auch dienstlichen Umständen, dass ich damals nach zwei Wochen gesagt habe: »Sucht ihr euch einen anderen Clown, ich such mir einen anderen Zirkus.« Aber es waren auch andere Zeiten.

Es hat damals einfach nicht zu meinem Leben gepasst. Ich war zu jung, zu unerfahren und die Perspektive, den Rest meines Lebens dort zu arbeiten, war nicht verlockend genug.

Jetzt, im gesetzten Alter, viele Jahre später, mit wesentlich mehr Lebens- und Einsatzerfahrung, ist es etwas ganz anderes. Zudem sich sowohl die technische als auch die personelle Lage mit meinem ersten Versuch von damals nicht vergleichen lässt. Dazwischen liegen Welten der persönlichen und technischen Entwicklung.

Zugegeben, mein Körper hat mich dazu gezwungen, den Einsatzdienst auf der Straße aufzugeben und mich nach Alternativen bis zur Pension umzusehen. Es gab da so einiges. Was ich aber auf gar keinen Fall wollte: ein eigenes Büro.

Das alles ging natürlich nicht von heute auf morgen, es war

ein Prozess, der sich über mehr als ein Jahr hinzog. Man kann es mit den Sterbephasen nach Kübler-Ross vergleichen. Denn ich habe die Arbeit auf der Straße mit meinen KollegInnen immer sehr gemocht und es war schon eine Art Tod, den ich sterben musste. Sterbephasen nach Kübler-Ross, nie gehört? Na dann aufgepasst.

Zuerst kommt das Nicht-Wahrhaben-Wollen.

Nee, passt schon … Wird schon wieder … Musst nur ein bisschen mehr trainieren … oder weniger … oder anders … oder gar nicht.

Dann folgt Phase zwei: Zorn.

Warum klappt das nicht mehr … Wieso ist der Kollege schneller im dritten Stock als ich … Warum bin ich immer öfter krankgeschrieben? … Geh weg, ich kann das … nicht … usw.

Phase drei: Verhandeln.

Wenn ich zum Atem- und Umweltschutz gehe, stehe ich nicht mehr in der ersten Reihe, bin aber immer noch dabei. Oder wenn ich keinen Angriffstrupp mehr mache, wird das schon gehen. Solche Dinge.

Dann Phase vier: Depression.

Das wird nichts mehr … Soll ich denn jetzt schon in Pension gehen? … Ich bin doch noch viel zu jung für den Ruhestand … Nein, das lohnt sich finanziell nicht … ich bin die ärmste Sau der Welt, ich verliere alles, was ich geliebt habe … Keiner kann mich leiden … Alle halten mich für einen Versager.

Und dann … endlich: Phase fünf: Akzeptanz.

Ja, dann ist es jetzt halt so, schau'n mer mal, was sonst noch geht. Und siehe da … es ging noch was.

Die Vorstellung, in einem Büro zu sitzen und den ganzen Tag irgendeinen Verwaltungskram zu machen, war für mich der

Horror. Ich hätte auch in die Ausbildung gehen können. Natürlich wäre es toll, meine Erfahrung an die jüngeren KollegInnen weiterzugeben. Ich habe auch immer gerne unterrichtet und ausgebildet und grundsätzlich macht mir das auch Spaß. Aber ich habe da mal in meiner Zeit als Praxisanleiter reingeschnuppert und bin zu dem Schluss gekommen, dass ich das nicht beruflich machen will. Außerdem wollte ich im Schichtdienst bleiben, weil mein ganzes Leben danach ausgerichtet ist. Also was bleibt da noch? Die Leitstelle.

Jetzt muss ich dazu erklären, dass es eine Hassliebe zwischen der Leitstelle und dem Einsatzdienst gibt. Die einen meckern über die anderen, ohne dass der eine vom anderen weiß, was er da genau macht. Es ist menschlich. Es gibt Dinge, die versteht man nur, wenn man sie selbst erlebt und weiß, warum man das so macht, wie man das eben macht.

Wenn man beide Seiten kennt, wird so einiges klarer und verständlicher. Seit ich in der Leitstelle sitze, muss ich zugeben, dass ich das ein oder andere Vorurteil revidieren muss.

Wie dem auch sei, ich bin nun Leitstellendisponent und werde es vermutlich bis zu meiner Pensionierung bleiben. Und was soll ich sagen, der Job macht mir tatsächlich Spaß.

Die Leitstelle ist, und da sind wir uns alle einig, das Herz einer jeden Feuerwehr.

Alle (und wenn ich sage alle, meine ich alle) Einsätze gehen über die Leitstelle. Hier werden die Notrufe angenommen und disponiert. Es gibt Standleitungen zur Polizei, zum Flughafen, zur Bahn, zu Stadtwerken und den angrenzenden Leitstellen. Dazu kommen drei verschiedene Leitungen, die nur für den Rettungsdienst reserviert und priorisiert sind. Es gibt Leitungen für den Krankentransport und diverse andere Leitungen ohne Priorisierung. Außerdem hat jeder Disponent fünf frei verfügbare Funkkanäle, die er sich schalten kann, wie er möchte, je nachdem, was gebraucht wird. Und das ist nur die Telefonanlage.

Dazu kommt ein extrem komplexes Leitstellenprogramm, das die Arbeit des Disponenten unterstützt.

Im Grunde ist die wesentliche Aufgabe der Leitstelle die Dokumentation der Einsätze. Alles, was passiert, wird registriert. Alle Telefon- und Funkgespräche werden aufgezeichnet. Jeder Mausklick ist nachvollziehbar. An einem normalen Tag führt ein Disponent ca. 120 Gespräche. Manchmal sind es bis zu 150. In der Nacht natürlich etwas weniger, aber es gibt so gut wie keine Minute in 24 Stunden, in denen nicht irgendeine Leitung klingelt. Insgesamt haben wir in Frankfurt etwa 160.000 Einsätze pro Jahr. Das sind im Schnitt 438 Einsätze pro Tag, die koordiniert werden müssen.

Eine ganze Menge.

Es ist also viel los in der Leitstelle.

Das Arbeiten dort ist mit dem auf der Wache nicht zu vergleichen. Es ist ein anderes Schichtmodell, es ist ein Bildschirmarbeitsplatz, es gibt keinen Leerlauf, es ist kurz gesagt: Vollgas.

Anfangs war die Umstellung nicht so einfach. Vor allem das lange Sitzen machte mir zu schaffen. Mittlerweile kenne ich die körperlichen Problemzonen und arbeite mit gezielten Übungen dagegen. Dadurch wurde es etwas besser. Das ist zwar mühsam aber immer noch besser als Schmerzen an Körperregionen von denen ich vorher noch nicht mal wusste, dass sie existieren. Außerdem gewöhnte ich mir an, auch mal im Stehen zu arbeiten und die Sitzposition zu wechseln. Nach und nach lernte ich auch den Umgang mit dem wirklich sehr komplexen Computerprogramm (natürlich habe ich eine ordentliche Einarbeitung bekommen, aber man lernt doch mehr in der Anwendung).

Das meist gesprochene Wort in der Leitstelle ist: »Hallo!«, gefolgt von einem »Hallo-ho!« in allen Varianten. Mal normal, mal laut, mal leise, mal lang, mal kurz, mal wütend und genervt und dann auch mal geschrien.

Sie werden es mir vielleicht nicht glauben, aber es ist dem Außenstehenden nicht einfach zu vermitteln, wie viele Leute die 112 anrufen und sich einfach nicht melden oder erst, nachdem man sie mit einem »Hallo« oder eben dem »Hallo-ho!« darauf hinweist, dass sie auch was sagen müssen.

Wir melden uns immer mit den Worten »Notruf, Feuerwehr und Rettungsdienst«. Ab jetzt ist der Anrufer dran.

Früher gab es mal die Regel der fünf »W«.

- Wer ruft an?
- Was ist passiert?
- Wo ist es passiert?
- Wie viele Verletzte gibt es?
- Warten auf Rückfragen!

Heute ist man dazu übergegangen, die Leute nicht mit gleich fünf »Ws« zu überfordern. Ich könnte mich an dieser Stelle gesellschaftspolitisch um Kopf und Kragen schreiben, mach' ich aber nicht. Ich sage es mal so: Man hat sich der Entwicklung angepasst und fordert jetzt nur noch zwei »W«.

Was? Und: Wo?

Das ist nicht so schwer, oder?

Weit gefehlt. Selbst damit sind die meisten überfordert. Sehr oft ist der erste Satz, den ich am Notruf zu hören bekomme:

»Kommen Sie schnell!«, oder »Wir brauchen einen Rettungswagen/Feuerwehr!«

Herrgott, spart euch die Luft für diese Worte. Das ist unser Kerngeschäft!

Und noch was: Rumschreien ist kontraproduktiv!

Ja, Sie sind aufgeregt. Ja, es ist für Sie eine Ausnahmesituation. Aber auch ja: Wenn Sie schreien, heulen und jammern, kann ich Sie nicht verstehen und ergo auch nicht helfen. Ich muss wissen, was passiert ist und vor allen Dingen wo!!! Ich entscheide dann, aufgrund meines Fachwissens, was ich Ihnen schicke. Wenn ich etwas wissen will, frage ich Sie. Sie müssen nur zuhören und möglichst knapp und korrekt antworten. Den Rest machen wir.

Und die 112 ist eine NOTRUF-Nummer. Ein Notruf ist angebracht, wenn irgendein Notfall eintritt. Nicht, wenn ich wissen will, wo meine Schwiegermutter ist, nicht, wenn ich seit drei Tagen Schmerzen im linken Hoden habe und auch nicht, wenn die Katze auf dem Baum miaut. Dafür haben wir eine Amtsleitung. Die finden Sie im Internet.

Notfälle sind: Atemnot, Brustschmerzen, die in den linken Arm ausstrahlen, verwaschene Sprache und hängende Mundwinkel. Krampfanfälle, stark blutende Wunden, ausgekugelte Gelenke und Bewusstseinseintrübungen bis hin zur Bewusstlosigkeit, gebrochene Knochen, Aufprall mit hoher Energie, Stromschlag, usw.

(Lebens-)bedrohliche Dinge eben.

Bitte rufen Sie auch nicht an und fragen Sie uns, ob wir Ihren Freund oder Ihre Freundin in ein Krankenhaus gefahren haben. Wir dürfen Ihnen am Telefon keine Auskunft geben. Wir unterliegen der Schweigepflicht. Gehen Sie auf eine beliebige Polizeidienststelle, weisen Sie sich dort aus und Sie erhalten Auskunft.

Wenn es Ihnen so richtig schlecht geht, rufen Sie uns an! Jederzeit, rund um die Uhr an jedem Tag. Dafür sind wir da. Das ist unser Job. Und wir schicken Ihnen dann auch kompetente Hilfe. Aber wir können nicht fliegen. Es dauert ein paar Minuten, bis wir da sind. Also rufen Sie nicht jede Minute an und fragen nach, wann der RTW endlich kommt. Das blockiert die Nummer, kostet Zeit, nervt und macht es auch nicht schneller. Leisten Sie stattdessen Erste Hilfe!

Kleiner Tipp, oder Life-Hack, wie man heute sagt: Wenn Sie unterwegs sind, schauen Sie sich doch mal um, wo Sie so sind. Es kann wirklich lebensrettend sein, wenn Sie jederzeit orientiert sind. So viele Menschen rufen an, melden einen Notfall (»Da liegt einer«) und wenn man sie dann fragt, wo genau, dann kommt nichts. Das ist so traurig auf so vielen Ebenen. Und bevor Sie anrufen (»Da liegt einer«), prüfen Sie bitte, ob der da freiwillig liegt oder ob er wirklich Hilfe benötigt. In einer Großstadt gibt es Menschen, die liegen des Öfteren einfach mal auf der Straße und machen ein Nickerchen. Das ist halt so. Sprechen Sie die vermeintlich hilflose Person mit gebührendem Abstand an und fragen Sie, ob er oder sie Hilfe benötigt. Dann entscheiden Sie.

Kurz gesagt: Benutzen Sie den gesunden Menschenverstand, der ist immer ein guter Berater. Wenn Sie unsicher sind, dann rufen Sie in jedem Fall an. Lieber einmal zu viel gefahren als einmal zu wenig!

Hinter den Kulissen

Da man ja als Feuerwehrmann so unfassbar viel Geld verdient, bleibt einem nichts anderes übrig, als einen Nebenjob zu machen, wenn man sich was leisten will. In Hessen ist es besonders dramatisch, da unser Bundesland aus dem Ländertarifverbund ausgestiegen ist und somit nicht den tariflichen Lohnerhöhungen unterliegt. In benachbarten Bundesländern gibt es in derselben Besoldungsgruppe dann auch schon mal 300 Euro bis 400 Euro mehr im Monat zu verdienen. Und man wundert sich, dass es eine Abwanderung gibt. Eine Frechheit, wie ich finde, und ein Zeichen, wie hoch die Wertschätzung der Mitarbeitenden ist. Wenn man eine Lohnerhöhung von einem Prozent abfeiert wie den Empfang der zehn Gebote auf dem Berg Sinai, dann sollte man vielleicht auch mal nach der Inflationsrate schauen, die derzeit bei ca. acht Prozent liegt. Das heißt, pro Jahr verdienen wir sieben Prozent weniger. Aber gut, man klatscht ja auch gerne mal auf dem Balkon für uns. Ein Hoch auf die kalte Progression!

Danke!

Gerade in jungen (Lebens-)Jahren ist das Geld immer knapp. Aus welchen Gründen auch immer, sie sind zahlreich. Ich persönlich kenne nur sehr wenige KollegInnen, die nicht noch irgendeinen Nebenjob machen. Ohne wird's halt knapp. An dieser Stelle ist es angebracht zu erwähnen, dass der eigentliche Feuerwehrmann, der im Einsatz, auf der Straße, der die Arbeit macht und den Menschen aktiv hilft … usw. im mittleren Dienst besoldet wird. Der Einstieg ist bei der Besoldungsstufe A7. Am Ende einer langen Karriere kann man mit viel Glück im Einsatzdienst mit A10 in Pension gehen. Man kann natürlich den Aufstieg in den gehobenen Dienst machen und bis A13 kommen, muss dann aber in Kauf nehmen, nicht mehr im Einsatzdienst eingesetzt zu werden, da diese Stellen hauptsächlich mit Bürojobs verbunden sind. So gut wie alle Mitarbeitenden in unserer Verwaltung sind im gehobenen Dienst. Sei es die Personal- und Sachverwaltung oder der vorbeugende Brandschutz und derlei Dinge.

Das heißt, die eigentlichen Feuerwehrleute, die, die immer den Kopf hinhalten und die eigentliche Urarbeit machen, werden am schlechtesten bezahlt. Das nur mal so am Rande. Vom Ausbildungsstand habe ich noch gar nicht geredet. Jeder Feuerwehrmann hat mindestens drei Berufe gelernt. Ich habe im Laufe meiner Karriere insgesamt acht Berufe erlernt und muss ständig Prüfungen und Leistungskontrollen über mich ergehen lassen. In der freien Wirtschaft könnte man mich nicht bezahlen, so viel Wert hat meine Arbeitskraft und die meiner KollegInnen.

Wie dem auch sei …

Um das Gehalt ein wenig aufzubessern, gibt es die Möglichkeit, gegen einen spärlichen Stundenlohn, knapp über Mindestlohn, zusätzlich zu seiner 48-Stunden-Woche im Schichtdienst, am Abend in den zahlreichen Kultur- und Veranstaltungseinrichtungen unserer Stadt den sogenannten Brandsicherheitsdienst zu übernehmen.

Das sind die Typen in Uniform, die hinter Bühnen rumlungern und aufpassen, dass die Brandschutzeinrichtungen und -vorschriften eingehalten werden. Und zwar nur dafür. Sie sind nicht zum Löschen gedacht, wie das ein sehr berühmter Berliner Komiker mal moniert hatte. Und zwar wenig freundlich.

Zugegeben, es ist leicht verdientes Geld. Und man hat auch noch freien Eintritt zu der einen oder anderen interessanten Veranstaltung.

Meine persönlichen Highlights diesbezüglich waren David Copperfield, Bruce Springsteen, Mario Adorf und Max Raabe.

Ich war bei etlichen Heimspielen unserer Eintracht im Einsatz und auch bei ungezählten Opern und Theaterstücken.

Den größten Vogel bei all meinen Brandsicherheitsdiensten hat ein gewisser Craig David abgeschossen. Ich denke, den muss man heute googeln, damals war der relativ berühmt und hatte einen Hit. Die Hauptaufgabe des Brandsicherheitsdienstes ist, zu überprüfen, ob die Brandschutzeinrichtungen funktionieren, und die Einhaltung der entsprechenden Vorschriften insbesondere die Fluchtwege zu kontrollieren. Das macht man vor der Veranstaltung. Wir sind in der Regel mehrere Stunden vor Beginn der Veranstaltung vor Ort. So auch in diesem Fall. Wir kontrollierten gerade die Räumlichkeiten der Veranstaltungshalle und kamen dabei auch an den Garderoben vorbei. Wir wollten durchgehen und schauen, ob auch hier alles in Ordnung sei. Doch an der Tür wurden wir erst mal von zwei baumhohen Bodyguards gestoppt. Wohlweislich in einem Bereich, zu dem so gut wie keinem Normalsterblichen Zugang gewährt würde. Ich behaupte einfach mal, dass man sich dorthin eigentlich nur verlaufen konnte. Nachdem die zwei Riesen bemerkten, dass wir die Feuerwehr waren, ließen sie uns passieren. Vor der eigentlichen Garderobe des vermeintlichen Superstars standen weitere zwei Bodyguards mit finsteren Mienen und beschützen Craig David.

Wir verkniffen uns ein Kichern ob der offensichtlichen Übertreibung und machten weiter mit unserem Rundgang, der uns hinter die Bühne führte. Dort kontrollierten wir die Notausgänge und die Feuerwehreinfahrt. Und was sahen wir da?

Mitten in der Aufstellfläche für die Feuerwehr, die mit einem riesigen Haltverbotszeichen gekennzeichnet war, stand eine schwarze Stretchlimousine.

Wir fragten den Pförtner, der dort den Künstlereingang bewachte, was das für ein Fahrzeug sei, und wollten durchsetzen, dass es dort nicht stehen bleiben könne.

»Das ist für Mister David, der muss sofort nach dem Auftritt ins Hotel gebracht werden.«

»Der Auftritt hat ja noch nicht mal angefangen«, sagten wir. »Warum steht das Auto denn jetzt schon da?«

»Weil Mr David sofort nach dem Auftritt … bla, bla, bla.«

Wir erklärten ihm dann, dass dies eine Feuerwehreinfahrt sei und dass uns der Wunsch des Mr David herzlich egal sei und das Auto gerne woanders geparkt werden und dann, wenn der Mr David fertig ist mit Singen, gerne hier abgeholt werden könne. Aber bis dahin möge das Auto doch bitte verschwinden, denn es handele sich hier um eine Feuerwehreinfahrt, die steht rechtlich über den Fluchtgedanken des Künstlers vor seinem Publikum, das ihn ernährt. Ich konnte diesen Superstar jetzt schon nicht leiden. Was für ein Getue …

Wie dem auch sei …

Das Konzert des Mr David begann mit 45 Minuten Verspätung, warum auch immer. Erst als die ersten unruhigen Pfiffe im Publikum nicht mehr zu überhören waren, kam der Superstar grußlos auf die Bühne, spulte sein Programm lustlos ab, stellte sich als Zugabe in einen Spot und schrie mehrfach »Fräänkfooord, oh Fräänkfoord« und … verschwand mit seinem Fluchtauto ins Hotel. Die ganze Aktion hatte inklusive »Zugabe« exakt 45 Minuten gedauert. Das Licht ging an und die Veranstaltung war vorbei.

Auf dem Balkon stand ein junger Mann und rief: »Craig David, du schuldest mir 55 Euro!«

Ja, die Bandsicherheitsdienste sind für das ein oder andere Erlebnis gut. So erinnere ich mich an eine Veranstaltung in den Frankfurter Kammerspielen. Eine relativ kleine Bühne. Ich musste im Publikum Platz nehmen, weil auf der Bühne kein Sitz für die Feuerwehr vorgesehen war. Das mochte ich nicht so gerne, weil die Uniform doch ein Brennglas ist. Man wird angeglotzt und im schlimmsten Fall angesprochen, wobei man meistens Auskunft geben muss, wo denn die Toiletten oder der eigene Sitzplatz sei, der auf der Karte stand und so mancher das mit den Nummern und Reihen einfach nicht begreifen kann.

Die Bühne war nicht durch einen Vorhang verdeckt. Die Kulisse war also bereits zu sehen. Sie war spärlich. In der Mitte war eine Säule, die eine Steckdose am Fußende hatte. An dieser Steckdose war ein Campingkocher angeschlossen. Ein Modell mit zwei Platten. Stinknormal … wie man sie halt kennt.

Neben mir saß eine Frau. Sie rutschte auf ihrem Stuhl unruhig hin und her. Ich ignorierte das. Ich war so einiges gewöhnt in Frankfurt. Hier hat jeder seinen Spleen.

Doch die Frau wurde immer unruhiger.

Schließlich sprach sie mich an.

»Sind Sie von der Feuerwehr?«

Die logische Antwort wäre gewesen: »Nein, ich gehöre zum Ensemble und meine Uniform ist ein Kostüm« … oder so was in der Art. Aber ich hatte, wie immer, meine imaginäre Frau auf der Schulter sitzen, die mich dazu erzogen hatte, freundlich zu fremden Menschen zu sein, auch wenn es schwerfällt, auf dämliche Fragen anständig zu antworten.

»Ja, das bin ich«, sagte ich also.

Die Frau deutete auf den Campingkocher.

»Ist da Strom auf der Steckdose?«

»Davon gehe ich mal aus, würde ja sonst keinen Sinn machen.«

»Ist das nicht gefährlich?«

»Nein, warum«

»Wegen der Brandgefahr.«

»Sie haben doch bestimmt auch Steckdosen zu Hause, oder?«

»Ja.«

»Und brennen die?«

»Nein.«

»Na bitte. Machen Sie sich keine Sorgen.«

Damit war für mich die Sache durch. Dir Frau hingegen rutschte noch ein paar Minuten hin und her und verschwand auf Nimmerwiedersehen.

Hinter den Kulissen ist es manchmal langweilig. Und die Stühle für die Feuerwehr sind meistens hart und unbequem. Wenn das Stück einen nicht mitreist oder man es schon ein paarmal gesehen hat, wird es auf dem Stuhl schnell ungemütlich. Also geht man spazieren. Man schaut sich die hinter der Bühne gelagerten Kulissen genauer an, kontrolliert die Zugänge zu den Feuerlöschern und ob die Notausgänge frei sind. Man kann sich ja frei bewegen. Sieht ja keiner … es sei denn, man passt nicht auf.

Ich schlenderte also während eines Theaterstückes hinter den Kulissen umher und suchte nach nichts Bestimmtem. Dabei kam ich an einer langen Wand vorbei und lief den schmalen Gang entlang, um auf die andere Seite und zu meinem Stuhl zu kommen. Am Ende der Wand schaute ich plötzlich in grelles Licht. Zudem konnte ich unzählige Menschen sehen … und die Schauspieler. Von hinten.

Das war so nicht geplant.

Ich erschrak fürchterlich und mein erster Gedanke war: »Wenn du die sehen kannst, können die dich auch sehen.«

Ich war während des Stückes tatsächlich auf die Bühne gelaufen, ohne es zu merken. Ich gefror in der Bewegung, schaffte es unter größten Anstrengungen rückwärts hinter die Wand zu schweben, wo ich durchatmete und mich einen absoluten Vollidioten schimpfte. Zum Glück kam ich ungeschoren davon. Scheinbar hatte es niemand von den Verantwortlichen mitbekommen, sonst hätten die mich gegrillt. So was mögen die gar nicht.

Ein weiteres Ereignis, das hängen blieb, war ebenfalls im Theater. Die Hauptdarstellerin war ausgefallen. Sie war krank und es gab keine Zweitbesetzung. Hektik war auf der Bühne und ich bekam das Drama durch ungewolltes Mithören mit. Aber der Saal war voll und man wollte nicht ausfallen lassen. Also fand man eine Schauspielerin, die sich bereit erklärte zu spielen … ohne den Text zu kennen.

Sie bekam einen Knopf ins Ohr, über den ihr der Text live eingesprochen wurde. Am Anfang war sie noch recht entspannt. Aber je länger das Stück ging, desto schlimmer wurde es. Denn es war nicht damit getan, den Text aufzusagen, sie musste ja auch noch spielen, ohne das Stück zu kennen, geschweige denn geprobt zu haben.

Eine Meisterleistung, wie ich finde.

Doch nach ein paar Minuten kam die Frau hinter die Bühne und sagte, dass das so nicht gehe. Sie wirkte gestresst und weinte sogar. Man konnte sie überreden, wieder rauszugehen. Am Ende war sie völlig aufgelöst und mit den Nerven am Ende, hatte es aber durchgezogen. Respekt! Wenigstens bekam sie einen Sonderapplaus am Ende. Völlig zu Recht, wie ich finde.

Das Schöne an den Brandsicherheitsdiensten fand ich immer, wenn ich Prominente hautnah erleben durfte. Ich sah Mario Adorf direkt nach seinem Auftritt einen halben Meter an mir vorbeilaufen und wie erledigt er war, nach zwei Stunden Soloauftritt. Ich erlebte, wie Max Raabe hinter den Kulissen getanzt hat, während er auf der Bühne steckensteif neben dem Flügel stand. Ich sah die Trommler von »Stomp!« völlig verausgabt nach Luft schnappen und wie Paul Kuhn es scheiße fand, dass man ihn durch die geöffnete Bühnentür sehen konnte.

Wir verhinderten einen Feuersturm in der Lobby einer Halle, weil ein Künstler dort Hunderte von Kerzen entzünden lassen wollte. Auf unsere Frage, was das denn solle, bekamen wir zur Antwort: »Der Meister will das so!« Der Meister fand dann seinen Meister in uns und die Kerzen blieben unentzündet.

Ich ertrug vier Stunden eines provozierenden Stückes eines niederländischen Künstlers, bei dem unter anderem die elastische Vagina prophezeit wurde … und das in unendlich vielen Tonfolgen, und das war nur ein kleiner Teil des »Stückes«. Das Stück begann damit, dass elf als Clown verkleidete Personen auf Stühlen in einer Reihe saßen und rauchten. Alle elf. Eine nach der anderen und das fünfzehn Minuten lang, ohne dass irgendetwas passierte. Zum Glück hatten wir den Rauchmelder auf der Bühne deaktiviert. In diesem Stil ging es weiter. Völlig absurd. Ich glaube bis heute, dass es sich dabei um ein soziales Experiment handelte. In der Pause des Stückes gab es eine Massenflucht auf den Zuschauerrängen. Die Aufführung dauerte insgesamt vier Stunden und ich musste es zwei mal sehen. Das war schlimm.

Ich half einem Balletttänzer, der schmerzgeplagt direkt vor meinem Stuhl zusammenbrach. Irgendwas in seinem Rücken war gerissen. Oft leisteten wir Erste Hilfe bei Zuschauern bis hin zu Reanimationen und ich entdeckte Verdi und Puccini für mich. Vieles war gut, einiges herausragend, aber Etliches auch schrecklich. Ich erinnere mich noch an meinen ersten Brandsicherheitsdienst, es war »Baal« von Bertolt Brecht, und wie schrecklich ich die Aufführung fand. Dann sah ich aber Stücke wie »Der Besuch der alten Dame« und »Wer hat Angst vor Virginia Woolf« oder »Der nackte Wahnsinn!« und war begeistert. Ich glaube, bei diesen Brandsicherheitsdiensten entdeckte ich meine Liebe zu Kunst und Kultur und beschloss, auch ein Teil davon zu werden. Wenn auch im kleinen, bescheidenen Rahmen. Aber ein Teil davon.

Von Mythen und Sagen

Es gibt so viele Mythen und Sagen, die sich um die Feuerwehr und die Notfallrettung ranken, da verliert man schnell den Überblick. Und man wird immer wieder damit konfrontiert. Es lässt sich nicht vermeiden, ab und zu mal auf Partys oder Versammlungen neue Leute kennenzulernen. Zum Small Talk gehört es nun mal, auch nach dem beruflichen Werdegang zu fragen. An manchen Tagen, wenn ich keine Lust habe, über meine Arbeit zu reden, antworte ich auf die Frage, was ich beruflich mache, dass ich bei der Stadt arbeite. Das ist so langweilig, da will keiner so genau wissen, was du machst. Sobald aber jemand herausbekommt, dass ich Feuerwehrmann bin, gibt es meistens eine ziemlich fiese Reaktion.

»Was? Der sieht aber gar nicht so aus.«

Ja, das ist richtig. Ich bin viel zu klein, zu dick und erwecke den Anschein, untrainiert zu sein. Stimmt … mal mehr, mal weniger. Aber im Einsatzdienst war ich quasi ständig im Training. Das ist eine Nebenwirkung des Jobs. Und da mal zum bösen, faulen Beamtenmythos: Wir haben offiziell die 48-Stunden-Woche, machen regelmäßig 52 Stunden und schieben einen Überstundenberg von im Schnitt über 100 Stunden vor uns her. Und dann halten wir uns in der Freizeit noch fit durch Radfahren, Muckibude und andere Sportarten, weil der Sport im Dienst nur als Ergänzung anzusehen ist, weil es ziemlich dämlich ist, sich im Sportraum auszupowern, wenn man nachher vielleicht noch einen Dachstuhlbrand löschen muss.

Dazu gibt es zu sagen, und da sind wir bei Mythos Nummer zwei, die wenigsten Feuerwehrmänner sind Kalenderboys. Man könnte überspitzt sagen, dass wir von den Muskelmännern genau zwölf Stück haben, damit wir an Weihnachten den Kalender füllen können.

Es gibt sie, ja … das gebe ich zu. Aber sie sind eine echte Minderheit. Denn solch einen Körper zu haben, erfordert viel Zeit, Fleiß und Disziplin. Und diese drei Dinge haben nur sehr junge Menschen. Je älter der Feuerwehrmann wird, desto weniger hat er davon. Die Prioritäten verschieben sich einfach. Hausbau, Familie, Hobbys und … keine mentale Kraft mehr. Fragen Sie mal die James-Bond-Darsteller, warum sie aufgehört haben. Da werden Sie einige finden, die sagen, dass sie keine Lust mehr hatten, sich dermaßen topfit zu halten. Das ist nämlich kein Spaß. Das fängt beim exzessiven Training an und hört bei der strengen Ernährung auf. Und das mit der Ernährung ist ein anderes Problem. Wir essen in der Regel kalt, gerade im Rettungsdienst, weil es dem Alarmgott egal ist, was du gerade machst. Der will dich JETZT und nicht nach dem Essen. Es gibt Tage, da fängst du dreimal mit dem Essen an. Gesund ist was anderes. Irgendwann rächt sich das. Da braucht man kein Ernährungsberater sein.

Dazu kommt ein kapitaler Knieschaden, den ich nicht zuletzt durch den Job erlitten habe, und somit fast alle Sportarten, die ich bisher gemacht habe, wegfallen. Da beißt sich die Katze in den Schwanz. Es ist nun mal so, dass du mehr machen musst, je älter du wirst. Und je älter du wirst, desto schwerer fällt es dir und irgendwann … kannst du einfach nicht mehr. Du bist kaputt. Die wenigsten KollegInnen schaffen es tatsächlich bis zur Pension im Einsatzdienst. Diejenigen, die ich kenne, die es bis zum Schluss im Einsatzdienst geschafft haben, kann ich an meinen Fingern abzählen. Und fast alle waren am Ende auch nicht mehr in der ersten Reihe zu finden. Sowohl körperlich als auch mental. Deshalb plädiere ich für den Ruhestand mit 50 bei der Feuerwehr. Klingt teuer, für Ihre Ohren. So, so … aber rechnen Sie das mal auf, was man in fünfundzwanzig Jahren für einen Dienst an der Gesellschaft geleistet hat und welchen wirtschaftlichen Schaden wir durch unseren Einsatz verhindert haben. Das würde mich mal interessieren. Und außerdem sollte man nicht seine Gesundheit für den Dienst aufgeben. Denn die ist durch nichts und niemanden und kein Geld der Welt ersetzbar. Und ich denke, dass es das Mindeste ist, was wir Feuerwehrleuten zugestehen sollten, die über Jahrzehnte, ohne zu fragen und zu klagen, in Häuser rennen, aus denen alle anderen rausrennen.

Mein Vorteil war immer, dass ich mich quälen kann. Ich beiß' mich durch, geb' nicht auf und komm' auch ans Ziel. Passt schon. Auch wenn es etwas länger dauert. Und dabei gehöre ich nicht zu einer Minderheit. Wir sind schon trainiert, aber bei Weitem nicht so wie die Typen aus der Glotze oder, ganz furchtbar, die Feuerwehrleute aus amerikanischen Serien. Ich lach' mich kaputt, wenn ich diesen pathetischen Quatsch sehe.

In diesen Serien sind alle Helden und Draufgänger und supersoziale WohltäterInnen. Sie lieben ihren Job über alles und würden es sogar für noch weniger Geld und Anerkennung machen. Weil sie es für ihr Land und die ahnungslosen Bürger tun … Ich könnte kotzen, wenn ich so einen Mist sehe.

Es gab eine Szene bei Chicago Fire, da bin ich bald vom Stuhl gefallen. Die Szene war wie folgt:

Die Folge spielte während eines Charity-Laufs, den Feuerwehrleute und das Team der Notaufnahme eines Krankenhauses gemeinsam organisiert hatten.

Hier liegt schon der Fehler, das würde in echt nie passieren, weil wir die Brüder und Schwestern in der Notaufnahme privat in der Regel nicht treffen und es nur sehr selten enge Verbindungen zwischen uns und dem Krankenhauspersonal gibt. In der Serie wurde es so dargestellt, als würden wir sehr eng zusammenarbeiten. Das ist nicht so. Wir gehen rein, geben den Patienten mit einer kurzen Übergabe ab und … tschüss, auf zum Nächsten. Außerdem fahren wir in alle Krankenhäuser der Stadt und nicht immer in dasselbe, in dem dann auch noch immer dieselben Leute Dienst haben. Völliger Quatsch.

Wie dem auch sei …

Bei diesem Lauf schlug eine Bombe im Krankenhaus ein und das Drama nahm seinen Lauf.

Jetzt wird's völlig utopisch.

In dieser Serie löschen die Leute das Feuer und retten die Verschütteten, die eben noch am Würstchenstand gegrillt haben oder in Sportklamotten gerannt sind.

Wie soll das gehen? Die hatten doch keinen Dienst zu dem Zeitpunkt. Die waren privat da. In ihrer Freizeit. Da kommt doch die andere Schicht. Die würden im Realfall vielleicht schon mit anpacken, aber niemals ganz vorne und schon gar nicht in voller Montur.

Der Knaller kam am Ende der Folge.

Das abgekämpfte Team saß schön drapiert zusammen, die Lage hatte sich beruhigt, die Serienhelden haben ihre Co-Schauspielerinnen alle gerettet, das Gröbste war geschafft. Und einer sah trotz Schmutz, Blut, Schweiß und Dreck besser aus als der andere. Postkartenmotiv!

Der Wachleiter kam zu ihnen (würde nie passieren, ist ein Bürojob, der rückt nicht aus und kommt nicht an die Einsatzstelle. Warum auch?) und lobte sie für ihren selbstlosen

Einsatz. Er fand schöne Worte und sagte dann: »So, ab nach Hause und ruht euch aus.«

Die Crew schaute mit Heldenblick auf den Mann, alle standen gemeinsam auf und sagten: »Wir haben es begonnen, wir bringen es zu Ende.« Und missachteten den Befehl, nach Hause zu gehen. Ein echter Gänsehaut-Moment.

Im echten Leben wäre das nie passiert, weil jeder sagen würde: »Boar … endlich, ich dachte, wir werden nie abgelöst. Ab unter die Dusche und dann schnell nach Hause.«

Wir sind keine Helden. Wir machen das gerne, ja, manche lieben es und es macht einen Heidenspaß … immer noch. Aber irgendwann ist auch mal gut und letztendlich ist es ein Job. Wenn auch einer der geileren. Aber auch nicht mehr und nicht weniger.

In etlichen Geschichten hört man immer wieder, dass ein Mensch gerettet wurde, weil ein Unerschrockener einem erstickenden Menschen einen Kugelschreiber in den Hals gerammt hat.

Puh … Hut ab!

Vorneweg: Theoretisch möglich.

Es tut mir leid, Ihnen mitteilen zu müssen, dass es nicht so einfach ist, wie es sich anhört. Ein Mensch droht an einem Stück Schnitzel (oder was auch immer) zu ersticken, röchelt, würgt und greift sich an die Kehle. Ein anderer springt auf, wirft ihn auf den Boden, schnappt sich einen Kugelschreiber und ZACK … steckt das Teil im Hals und der Schnitzelmann, der das Kauen vergessen hat, ist gerettet.

»Der eben noch Tote steht auf und läuft putzmunter davon.«

So, jetzt lesen Sie den letzten Absatz noch mal und fragen sich, ob das realistisch ist.

Merken Sie selber, gelle.

Eine sogenannte Notkoniotomie[1] ist eine Ultima Ratio[2].

Will man eine Koniotomie durchführen, muss man Erfahrung haben. Außerdem liegt rund um das Areal, das es zu durchstoßen gilt, die Schilddrüse. Diese ist sehr stark durchblutet. Trifft man diese, hat man keine Sicht mehr und der Patient verliert viel Blut. Eine Riesensauerei. Den Teppich bekommen Sie nie wieder sauber. Darüber hinaus muss man den Knorpel der Luftröhre durchstoßen. Der ist sehr fest. Wenn man ihn denn überhaupt trifft. Ist ein schmaler Grat. Er ist nämlich ein Ringknorpel. Ich muss also die Zwischenräume treffen. Stoße ich auf den Ring, wird das nix. Technisch läuft das grob gesagt so ab, dass mit einem Skalpell ein senkrechter Schnitt gemacht wird, dann muss man die richtige Stelle fixieren und dann mit dem im Koniotomieset befindlichen Tubus (der eine sehr scharfe Spitze hat) den Knorpel durchstoßen und das ein wenig schräg nach unten. Also alles nicht so einfach. Ein weiterer Nachteil des Kugelschreibers ist, dass er, falls er nicht sofort zerbricht, unsteril ist und den Patienten mit ziemlicher Sicherheit in eine Sepsis[3] führt.

Kurz gesagt, ich rate grundsätzlich davon ab. Es sei denn, Sie sind in der Maßnahme geübt, dann bitte gerne und viel Spaß dabei. Für mich wäre es nichts.

---

1 Unter einer Koniotomie versteht man in der Medizin die Schaffung eines künstlichen Zugangs zu den Atemwegen in Höhe des Kehlkopfes per Durchtrennung eines starken Bandes zwischen Schild- und Ringknorpel. (doccheck – Flexikon. lexikon.dockcheck.com/de/Koniotomie vom 3. Juli 2018).

2 Die Ultima Ratio bezeichnet allgemein den letzten Lösungsweg, das letzte Mittel oder den letzten Ausweg in einem Interessenkonflikt, wenn zuvor alle sonstigen Lösungsvorschläge verworfen wurden, da mit ihnen keine – oder angeblich keine – Einigung erzielt werden konnte. (Wikipedia. wikipedia.org/wiki/Ultima_Ratio 12.05.2022).

3 Laienhaft ausgedrückt: Blutvergiftung, unter Umständen lebensgefährlich

Aber ich will Sie nicht ratlos zurücklassen.

Sollten Sie in die Situation kommen, dass jemand in Ihrer Nähe sich an irgendwas verschluckt hat, legen Sie ihn übers Knie.

Ja, Sie haben richtig gelesen.

Einfach übers Knie legen und mal ordentlich zwischen die Schulterblätter hauen. Das sollte in der Regel schon helfen.

Ja, ich weiß … der Heimlich-Griff.

Kann man auch machen. Aber Hand auf's Herz … Wissen Sie genau, wie er geht? Nein, dann schauen Sie vorher auf YouTube ein Tutorial, denn der ist nicht so einfach, wie es im Fernsehen aussieht. Es erfordert eine gewisse Technik, angefangen beim richtigen Ansatzpunkt und der eigenen Handhaltung. Und bei allem, wo Technik erforderlich ist, gibt es Probleme. Außerdem sollte man den bei Kindern nicht anwenden. Nächste Baustelle, wie lange ist ein Kind ein Kind. Sie sehen schon … Aber grundsätzlich kann ich sagen, dass beide Methoden hilfreich sind. Wichtig ist in diesem Fall, dass man sie durchführt, und zwar jetzt … denn wenn wir nichts machen, stirbt der Patient. Als Alternative können Sie auch mal reinschauen und gucken, ob Sie den Fremdkörper auf klassische Weise entfernen können: Einfach rausziehen.

Oft hört man ja auch urbane Legenden über schreckliche Ereignisse nach Unfällen. So gibt es die weitverbreitete Sage, dass man MotorradfahrerInnen den Helm nicht abnehmen soll, weil sonst der Kopf auseinanderfällt.

Das lass ich jetzt erst mal sacken.

Wenn man kurz darüber nachdenkt, kommt man eigentlich selbst drauf. Wenn der Patient so arg verletzt wäre, dass der Schädel (im Helm, ohne dass der Helm kaputt geht!!) gespalten wurde und trotzdem noch weiterlebt, wäre ja die

Konsequenz aus der Nichtabnahme des Helmes, dass er oder sie den Rest des Lebens mit dem Helm rumlaufen müsste, um nicht auf der Stelle zu sterben. Sehe ich das richtig?

Hanebüchen ist ein Wort, das mir dazu einfällt.

Also alles Quatsch.

Grundsätzlich muss der Helm immer irgendwann ab.

Ist das Unfallopfer bei Bewusstsein und in der Lage, selbst zu entscheiden, was mit dem Helm passieren soll, entscheidet das Opfer. Es kann sein, dass der Patient auf dem Boden liegt und der Helm als eine Art Kissen fungiert und es dem ohnehin schon Geschädigten bequemer macht. Kann der Patient sitzen, ist klar und ansprechbar, dann kann er oder sie den Helm ja auch selbst abnehmen. Das ist immer das Beste.

Ist der Patient bewusstlos, muss der Helm zwingend abgenommen werden, da er erbrechen könnte, und das will ja niemand im Helm haben, zumal dann auch die Gefahr der Aspiration[1] besteht. Daran stirbt man in der Regel.

Sollten Sie in die unangenehme Lage kommen, einem Fremden den Helm abnehmen zu müssen, tun sie das möglichst zu zweit. Einer zieht, der andere hält den Kopf möglichst gerade und krabbelt mit den Händen hinein und hält den Kopf fest, dass er nicht auf den Boden knallt und die Wirbelsäule entlastet wird.

In Erste-Hilfe-Kursen (die übrigens jeder regelmäßig besuchen sollte) kann man das üben. Aber es gibt bestimmt auch YouTube-Tutorials darüber. Ich gebe zu, es ist ein wenig tricky, aber es muss ja nicht perfekt sein, Hauptsache der Patient bekommt Luft und erstickt nicht an seinem Erbrochenem.

1 Die unabsichtliche Einatmung von Fremdkörpern oder Flüssigkeiten bei der Atmung wird als Aspiration bezeichnet (Fremdkörperaspiration).

Grundsätzlich kann ich sagen, dass Sie bei der Ersten Hilfe nichts falsch machen können, außer dass Sie nichts machen. Wenn Sie es mal ganz logisch überdenken: Was sollen Sie denn kaputt machen? Das, was kaputt ist, ist durch den Unfall kaputtgegangen. Sie werden es nicht schaffen, einen weiteren Knochen zu brechen oder es derart zu verschlimmern, dass es überhaupt relevant ist. Sie können ja mal probehalber versuchen, sich selbst einen Knochen zu brechen[1]. Das ist gar nicht so einfach, oder? Dazu braucht es Kraft.

In diesen Momenten kommt immer das Beispiel mit der Wirbelsäule. Diese ewigen Ammenmärchen mit den Querschnittslähmungen, die Ersthelfer den Verunfallten zugefügt haben, weil sie den Patienten bewegt haben. Das ist Quatsch. Wenn Sie einen an der Wirbelsäule verletzten Patienten haben, lassen Sie ihn erst mal so liegen. Ist er bewusstlos und Sie müssen ihn bewegen (Bewusstlose bitte immer in die Seitenlage), dann machen Sie das achsgerecht, das heißt, Sie müssen versuchen, die Wirbelsäule so wenig wie möglich zu verdrehen. Das ist aber auch kein Hexenwerk. Am besten macht man das zu zweit. Einer hält den Kopf, der andere Helfer packt den Patienten an Hüfte und Schulter und dann drehen Sie ihn gemeinsam langsam und in einer fließenden Bewegung auf die Seite. Wenn Sie sich jetzt noch immer nicht trauen würden, beachten Sie die Alternative. Bleibt der Patient auf dem Rücken liegen und erbricht sich, besteht Lebensgefahr. Also, dann doch lieber auf die Seite legen. Also keine Angst!

Wenn ich mir den Finger verbrenne, halte ich ihn unter kaltes Wasser. Das tut gut und ist so weit in Ordnung. Allerdings

1 Nein, tun Sie das nicht. Das ist eine Metapher!!!

ist lauwarmes Wasser eigentlich die richtige Wahl, macht bei einer kleinen Verbrennung auch nichts kaputt.

Wenn ich es aber mit einer großflächigen Verbrennung zu tun habe, ist kaltes Wasser auf alle Fälle kontraproduktiv. Wenn ich den Patienten großflächig kühle, ihn in kalte, nasse Tücher wickle oder gar in eine Wanne mit kaltem Wasser lege, unterkühle ich den Patienten und verzögere dadurch den Heilungsprozess. Deshalb lieber das Wasser nicht ganz so kalt machen und nicht ganz so lange fließen lassen.

Wenn wir schon beim Brennen sind. Es gibt ja auch den weitverbreiteten Mythos, dass man sich bei einem Brand ein feuchtes Tuch vor Mund und Nase halten soll und somit der Rauchvergiftung entkommt. Dazu gibt es Folgendes zu sagen: Wenn Sie bei einem Feuer mit diesem Tuch vor Ihrem Gesicht durch den Rauch laufen und denken, Sie seien sicher, dann sterben sie mit einer sauberen Nase, denn das ist alles, was das Tuch bewirkt.

Ein nasser Lappen ist kein Filter.

Im Brandrauch sind unzählige Atemgifte, die sich über Ihren Lappen kaputtlachen. Wenn die Wohnung verraucht ist, bleiben Sie möglichst in Bodennähe, da ist die Luft am besten und beachten Sie Folgendes:

Verhalten im Brandfall und jetzt bitte aufgepasst …

Ein Feuerlöscher ist für Entstehungsbrände gedacht. Das heißt, für kleine Feuer, die nicht großartig brennen und gerade angefangen haben. Wenn Sie merken, Sie bekommen das Feuer mit dem Löscher nicht aus, legen Sie ihn auf den Boden … UND JETZT RAUS!

Alles Materielle kann man ersetzen, aber Sie haben nur ein Leben.

Und beim Rausgehen vergessen Sie bitte nicht, die Türen

zu schließen, um die Ausbreitung zu behindern. Gehen sie NICHT zurück, wenn Sie etwas vergessen haben. Gehen Sie einfach raus, rufen Sie die Feuerwehr und den Rest erledigen wir.

Das waren nur die gängigsten Mythen über unseren Job, da gibt es sicher noch ein paar mehr. Abschließend zu diesem Thema gebe ich noch den Hinweis zum sogenannten »Fresskoma", das sehr oft bei älteren Menschen aufkommt. Dabei ist es so, dass nach dem Essen das Blut des Körpers im Verdauungsapparat gebraucht wird. Hat der Patient nun schon eine Kreislaufschwäche, kommt es zum relativen Blutmangel und er fällt in eine Ohnmacht. Keine Panik, das kann man schnell durch das Hochlegen der Beine beheben, das Blut fließt dann zurück in den Körper und stellt das Gleichgewicht wieder her.

Aber Achtung: Hat der Patient einen Herzinfarkt, kann das Beinehochlegen unter Umständen kontraproduktiv sein, deshalb rate ich im Zweifel dazu, den Patienten flach hinzulegen. Da kann man nichts falsch machen.

Grundsätzlich empfehle ich jedem, regelmäßig in einen Erste-Hilfe-Kurs zu gehen, um zum einen die Scheu vor der Hilfe zu verlieren und im Notfall Sicherheit zu gewinnen. Darüber hinaus gibt es seit einigen Jahren Brandschutzunterweisungen, die für größere Firmen sogar verpflichtend, aber auch für kleinere Firmen sehr zu empfehlen sind.

Machen Sie sich bitte schlau, wie und wo das in Ihrer Stadt angeboten wird. Im Ernstfall werden Sie sich daran erinnern und wesentlich sicherer handeln und vielleicht einen wesentlich größeren Schaden abwenden.

Bei der Gelegenheit

Es gibt ja immer wieder diese Diskussion, wann ich in welcher Situation die 112 wählen sollte. Grundsätzlich gilt, dass die 112 für den *Rettungsdienst* und die *Feuerwehr* reserviert ist. Die Polizei erreichen Sie über die 110.

Diese beiden Nummern sind für NOTFÄLLE. Notfälle sind lebensbedrohliche Situationen, *schwere* Verletzungen und Erkrankungen, Atemnot, Schlaganfälle, Herzinfarkte, Sturz aus großer Höhe, Unfälle mit hoher kinetischer Energie, Gelenke da, wo keine hingehören, klaffende, stark blutende Wunden, Krampfanfälle usw.

Keine Notfälle sind: Einweisungen vom Hausarzt und alles, was seit mehreren Tagen auszuhalten war. Beispielsweise, wenn man vor drei Tagen aufs Knie gefallen ist und jetzt mit dem RTW ins Krankenhaus will, oder die Medikamente leer sind und jemand zur Apotheke müsste, um neue zu holen. Oder man einen Kater hat und jemand mit einer Infusion kommen soll und dergleichen.

Man kann auch mal selbstständig in die Notaufnahme fahren. Auch wenn man nicht selbst fahren kann. Entweder mit Freunden oder mit einem Taxi.

Die Feuerwehr kommt, wenn es brennt[1]. Die Feuerwehr

1 Man unterscheidet grundsätzlich zwischen einem Schadfeuer (Brand) und einem Nutzfeuer, wie zum Beispiel einem Lagerfeuer in einer gesicherten Feuerschale/-stelle oder einem Grillfeuer. Die Feuerwehr ist für Brände zuständig, auch wenn sie FEUERwehr heißt. Das ist ein wenig verwirrend, das gebe ich zu.

kommt auch, wenn Sie sich in einer anderen Notlage befinden, zum Beispiel nach einem Verkehrsunfall oder in einem Aufzug stecken bleiben. Wir schneiden auch mal nach einem Sturm einen Baum weg, aber nur, wenn er eine Gefahr oder Behinderung des öffentlichen Raums darstellt. Wenn Ihr Keller nach einem Wasserrohrbruch voll mit Wasser steht, helfen wir auch, kostet aber. Wir öffnen Ihre Tür nur, wenn sich in der Wohnung eine Gefahr oder Notlage befindet oder vermutet wird. Beispiele hier: Eine verletzte/hilflose Person oder das Essen steht auf dem Herd und droht zu verbrennen. Sollten Sie uns dabei anflunkern, schreiben wir Ihnen eine Rechnung. Denken Sie nicht, wir wären billiger als der Schlüsseldienst. Der Schlüsseldienst kommt allein, wir sind zu sechst mit einem großen Auto. Und jeder wird berechnet. Ach ja … versuchen Sie bitte nicht, mit Ihrer Kreditkarte die Tür zu öffnen, das funktioniert nur im Fernsehen. Alles, was Sie dadurch erreichen, ist eine kaputte Kreditkarte. Das klappt nur in amerikanischen Filmen, da die ein andres Schließsystem haben. Wir benutzen bei ins Schloss gefallenen Haustüren immer ein spezielles, mehrfach gebogenes Blech, was aber auch nicht immer funktioniert, denn die Form des Türrahmens muss auch noch mitspielen. Also bitte versuchen Sie nicht, Ihre Tür mit Ihrer Scheckkarte zu öffnen. Und bitte weisen Sie sich aus, denn wir kontrollieren, wessen Tür wir da aufbrechen sollen.

Ja … wir holen auch Katzen und andere Tiere aus Notlagen. Aber bitte beachten Sie, dass sich das Tier in einer echten Notlage befinden muss und nicht auf einem Ast sitzt und »Miau« ruft. Die Katze konnte da hinaufklettern, also kommt sie auch wieder runter. Spätestens, wenn sie Hunger hat. Denn noch nie hat ein Skelett im Baum gesessen.

Grundsätzlich kommen wir, wenn Sie sich nicht mehr in der Lage fühlen, allein klarzukommen. Aber bedenken Sie, dass wir am Telefon entscheiden, durch gezieltes Abfragen der Situation, was zumutbar erscheint und was nicht. Ein gewisses Maß an Resilienz und Lebensfähigkeit trauen wir Ihnen schon zu. Und bedenken Sie weiterhin: Solange wir uns mit Bagatellen beschäftigen, können wir echte Notfälle nicht bearbeiten.

Bitte machen Sie sich schlau, welche Nummern in Ihrer Stadt für nicht dringende Einsätze reserviert sind. Dabei handelt es sich um zum Beispiel ärztliche Einweisungen, Krankentransporte zu definierten Leistungen wie Dialyse, allgemeine Anfragen etc.

Bei aller Vorsicht und gebührender Einschätzung: Wenn Sie denken, Sie sind in einer echten Notlage, dann rufen Sie die schnelle Nummer (112). Die KollegInnen am anderen Ende der Leitung sind entsprechend geschult und erfahren genug, um einzuschätzen, was wir Ihnen wie schnell schicken. Oder wir verweisen Sie gar an eine andere Stelle, auf alle Fälle aber helfen wir Ihnen weiter. Und fassen Sie sich kurz!!! Zeit ist unsere Währung! Wenn Sie vor vielen Jahren mal einen Erste-Hilfe-Kurs gemacht haben, dann haben Sie sicher noch die 5 Ws vor Augen. Heute brauchen wir nur noch zwei.

Was und Wo?

Alles andere fragen wir sie schon.

Also: Zuhören und nicht zu viel reden.

Kurz und knackig.

Jede Sekunde zählt.

Dann war da noch …

Die Frau, die bei meinem Anblick in einen Eimer kotzte und danach gesund war. Ich kam rein, sie sah mich, erbrach sich in einen Eimer auf ihrem Schoss und war genesen. Sie schaute mich kurz an und sagte: »Jetzt geht's mir wieder gut.« Das fanden meine Kollegen wieder mal seeehr witzig.

Der Typ, der behauptete, von einem anderen Fahrzeug abgedrängt worden zu sein und es schaffte, die Leitstelle davon zu überzeugen, dass nicht nur die Feuerwehr und der Rettungsdienst kommen, sondern auch der Hubschrauber landen müsse, obwohl eigentlich nichts passiert war. Er räumte fast sein ganzes Fahrzeug aus und verteilte den Inhalt auf der Straße. Dabei kamen Verkehrsleitkegel, Warnfackeln und richtungsweisende Leuchtmittel zum Einsatz sowie Hinweisschilder »Achtung Unfall« und ein gelbes Blinklicht auf dem Dach. Er behauptete, von einem anderen Fahrzeug etwa 500 Meter von der Einsatzstelle entfernt von der Straße abgedrängt worden zu sein. Fraglich wie er es dann bis dahin geschafft hatte. Außer der Scheibe auf der Beifahrerseite, die (warum auch immer) in unzählige Stücke zersprungen war, konnte man nichts erkennen. Ich konnte mir bis heute kein Szenario ausdenken, das zu diesem Bild und einem derartigen Großaufgebot gepasst hätte.

Der Tag, an dem der Fahrer vom Chef die Betriebsanleitung seines Dienstwagens suchte, den ich als Letzter gefahren hatte, weil es in der Nacht zuvor einen großen Störfall-Einsatz gegeben hatte. Ich fuhr also den Chef zur Einsatzstelle und wartete, bis er wieder zurückkam; und das bei laufendem Radio und Funk über mehrere Stunden. Als es dann wieder heimgehen sollte, war die Batterie leer. Zum Glück kam der Chef nicht gleich, also suchte ich mir einen umherstehenden Kollegen, der mir schleunigst helfen sollte, bevor der Chef zurückkam. Wir wollten überbrücken, fanden aber die Batterie nicht. Bei diesem Fahrzeug war die Batterie unter dem Fahrersitz eingebaut, wie wir durch die Betriebsanleitung herausfanden. Glück gehabt, Haube zu, alles gut, der Chef hatte nichts mitbekommen. Zumindest so lange, bis mein Name lang gezogen und laut über die Wache hallte. Und wo der blöde Arsch sei. Der cholerische Hauptfahrer des Chefs brüllte mich an, wo ich die Betriebsanleitung hingeschlampt und was ich überhaupt mit »seinem« Fahrzeug zu schaffen hätte und überhaupt … usw.

Ich sagte ihm, dass wir überbrücken mussten, und öffnete die Motorhaube. Da lag dann die Betriebsanleitung, auf dem Luftfilter. Ordentlich und kerzengerade. Als wäre das der angestammte Platz und nicht Grund des enormen Wutanfalls des alternden Kollegen.

»Da ist sie doch, was willst du denn?«, sagte ich und ließ den Brüllaffen stehen.

Danach hörte ich zwei Dinge.

Das Schreien des Fahrers und das Kichern eines Kollegen.

Dann war da noch der Mann, der uns rief, weil er einen Schlag von seiner Waschmaschine bekommen hatte. Als wir ihn fragten, was genau passiert sei, sagte er: »Ich hab dran gefasst und eine gewischt bekommen.«

»Und dann?«

»Dann hab' ich meine Frau gerufen und gesagt, sie soll auch mal dran fassen.«

Ich lass' das mal so stehen …

Der junge Mann, der bei einer Kirmesschlägerei Pfefferspray abbekommen hatte und fluchte wie ein Rohrspatz. Auf die Frage eines Polizisten, was denn genau passiert sei, sagte er: »Die haben sich gekloppt, ich wollte schlichten, da sprüht die Drecksau mir das Zeug ins Gesicht.«

»Und dann?«, fragte der Polizist.

»Dann hab ich geschnappt und gewürgt … und gewürgt … und gewürgt …«

So schnell wird man vom Opfer zum Täter.

Die Frau, die rief, dass das Kind kommt, als wir auf dem Weg zu ihrem Haus waren, und ich sagte: »Nur die Ruhe, so schnell geht das nicht.«

Ich wurde Lügen gestraft, als ich wenige Meter weiter eine Frau auf dem Boden sitzen sah … zwischen ihren Beinen ein Neugeborenes. Das Kind war doch schon da.

Der Typ, der meinen Arzt in den Schrank warf, weil dieser die Frau des Aggressors davon abhalten wollte, vom Balkon zu springen, und er gefälligst seine Hände von ihr nehmen solle. Als die Polizei, die ich um Hilfe rief, die Wohnung stürmte, sagte der Mann nur: »Geht das jetzt schon wieder los?«

Die Leichenbergung in einem Mordfall. Wir haben auf unseren HLF spezielle Tragen. Sogenannte Schaufeltragen. Diese Tragen erlauben es uns, Patienten aufzuheben, ohne sie bewegen zu müssen, indem wir sie »aufschaufeln«. Diese Trage kann in zwei Teile zerlegt und unter dem Patienten wieder zusammengesetzt werden. So eine Trage kam bei einer Amtshilfe für die Polizei zum Einsatz.

Es handelte sich um einen Mordfall auf einem Reiterhof. Die beiden Besitzer des Hofes, ein älteres Ehepaar, wurden seit einiger Zeit vermisst. Man hatte die Pächter des Hofes in Verdacht, die beiden ermordet zu haben, und hielt sie in Gewahrsam. Was man nicht hatte, waren die Leichen. Endlich, nach einem halben Jahr, war einer der Täter geständig und verriet der Polizei, wo sich die Leichen befanden. Sie waren auf dem Gelände unter einem Misthaufen vergraben. Die Spurensicherung hatte die beiden bereits skelettierten Körper so weit es ging freigelegt, traute sich aber nicht, sie anzuheben, weil sie fürchteten, dass die Körper dabei zerfallen und so wertvolle Spuren zerstört werden. Also kamen wir dazu, »schaufelten« die beiden Skelette vorsichtig auf und verluden sie in einen Leichenwagen. So haben wir einen kleinen Beitrag zur Lösung eines Mordfalles geleistet, der mich, neben zahlreichen anderen Fällen im Umfeld von Reiterhöfen, zu meinem Krimi »Reiterhof«[1] inspirierte.

---

1 »Reiterhof«, ein Grotte & Shaft-Fall, erschienen in der edition Krimi, ISBN 9783948972448

Zu guter Letzt

Bevor ich dieses Buch beende, werde ich noch ein paar Worte los. Feuerwehrmann ist einer der besten, wenn nicht sogar der beste Job, den man machen kann. Die Arbeit hat einen Sinn, man kann anderen helfen, man bekommt eine unfassbare Ausbildung, man darf mit Geräten hantieren, die Millionen gekostet haben, man erlebt spektakuläre, aber auch traumatische Dinge. Was wirklich hilft, das alles zu ertragen, ist ein starker Zusammenhalt innerhalb der Truppe, dunkelschwarzer Humor und nicht zuletzt die eigene Familie, die einen auffängt, trägt und erdet.

Was ich mir wünsche, ist mehr Respekt für und Rücksicht auf unsere Arbeit. Wir werden regelmäßig beleidigt, angegriffen, angefeindet, beschossen mit Silvesterraketen, bespuckt, beschimpft und bei alledem auch noch ständig gefilmt. Ich habe Verständnis für aufgeregte Menschen in Ausnahmesituationen und natürlich sind wir auch manchmal nicht ganz unbeteiligt. In Stresssituationen kann es mal mit einem durchgehen. Auf beiden Seiten. Wofür ich aber überhaupt kein Verständnis habe, ist Respektlosigkeit und diese ständige Gafferei, insbesondere mit den Handykameras. Denken Sie einfach mal darüber nach, was es für Sie bedeuten würde, wenn Sie, egal wohin Sie kommen, bei Ihrer Arbeit gefilmt werden. Sie würden sofort nach Datenschutz schreien und die Firma wegen Verletzung der Privatsphäre verklagen. Oder stellen Sie sich vor, Sie sind selbst betroffen und alles, was Ihre Umwelt tut, ist die Kamera draufhalten, anstatt Hilfe zu holen oder gar zu leisten.

Wollen Sie das … oder wollen Sie geholfen bekommen? Ich glaube, da sind wir uns einig.

Was du nicht willst, was man dir tu,
das füg' auch keinem and'ren zu!

Wenn wir diesen Grundsatz beherzigen, ist viel gewonnen.

Wir sind keine Helden, wir sind ganz normale Menschen, die einfach ihren Job gut machen wollen. Die Freude und Befriedigung an der Sinnhaftigkeit ihres Tuns erfahren wollen. Ein besonderer Schlag Mensch, ein wenig grob, aber mit dem Herz am rechten Fleck. Nicht mehr … aber auch nicht weniger.

Wenn Sie uns unterstützen wollen, bringt es nichts, sich abends auf den Balkon zu stellen und in die Hände zu klatschen. Das bringt gar nichts. Es muss sich grundsätzlich wieder lohnen, seine Arbeit in den Dienst der Allgemeinheit zu stellen. Nicht nur bei uns, auch in allen anderen sozialen Berufen. Es kann nicht sein, dass die Menschen, die auf unser Geld aufpassen, besser bezahlt werden als diejenigen, die auf unsere Kinder aufpassen. Ich weiß, da bohren wir dicke Bretter, aber sie sollten weiter gebohrt werden, vielleicht kommen wir ja irgendwann mal durch.

Es geht aber immer auch um Respekt und Wertschätzung. Für alle. Jeder hat seinen Platz in der Gesellschaft. Wir sollten jeden, den wir treffen, mit dem gleichen Respekt behandeln, denn jeder hat eine Geschichte. Alles hat seinen Grund und niemand ist besser als der andere.

So, genug der großen Worte.

Ich habe bei Weitem nicht alles erzählt, was mir in den letzten beinahe dreißig Jahren so alles begegnet ist. Wenn ich scharf nachdenke, fallen mir vielleicht noch ein paar lustige Anekdoten ein, die es hier in dieses Buch schaffen sollten. Aber ich denke, das würde es nur schlechter machen. Vielleicht kommen Sie einfach mal auf eine meiner zahlreichen Lesungen (Termine auf meddimueller.de) und schaffen es, mich in Plauderstimmung zu versetzen.

Ich hoffe, Ihnen einen kleinen Einblick in unsere Arbeit gegeben zu haben und auch ein wenig Verständnis für das ein oder andere geweckt zu haben. Vielleicht wissen Sie jetzt, warum manches so ist, wie es ist. Und ich würde mich freuen, wenn Sie sich, gerne auch bei der Freiwilligen Feuerwehr, engagieren oder zu uns kommen, was allerdings nicht ganz so einfach ist, denn da gibt es einen ziemlich harten Einstellungstest. Aber wir brauchen immer Nachwuchs. Und vielleicht schaffen wir es irgendwann, dass doch alles in Ordnung ist, denn …

Am Ende wird alles gut. Ist es nicht gut, ist es nicht zu …

Ende!